La Meditazione
del Guerriero

Altri libri di Richard L. Haight

Unshakable Awareness

The Unbound Soul

Inspirience: Meditation Unbound

The Psychedelic Path

La Meditazione
del Guerriero

Richard L. Haight

Shinkaikan Body, Mind, Spirit LLC

www.richardlhaight.com

Copyright © 2021 by Richard L. Haight

Tutti i diritti riservati. Nessuna parte di questa pubblicazione può essere riprodotta, distribuita o trasmessa in qualsiasi forma o con qualsiasi mezzo, compresa la fotocopia, la registrazione, o altri metodi elettronici o meccanici, senza la previa autorizzazione scritta dell'editore, eccetto nel caso di brevi citazioni contenute in recensioni critiche e altri usi specifici non commerciali consentiti dalla legge sul copyright.

ISBN 978-1734965865

Dichiarazione di limitazione di responsabilità:

1. Alcuni nomi e dettagli identificativi sono stati modificati per proteggere la privacy delle persone.

2. Questo libro non intende sostituire il consiglio medico o psicologico di medici o psichiatri. Il lettore dovrebbe consultare regolarmente il medico per questioni relative alla sua salute fisica o mentale/emotiva e in particolare per quanto riguarda i sintomi che potrebbero richiedere diagnosi o cure mediche.

Pubblicato da Shinkaikan Body, Mind, Spirit LLC

www.richardlhaight.com

Indice

Ringraziamenti vii

Prefazione ix

Introduzione 1

Parte I: Principi di meditazione 11

    Capitolo 1 - Il sentiero della concentrazione 13

    Capitolo 2 - Oltre la concentrazione 18

    Capitolo 3 - Passaggio ad alfa 23

    Capitolo 4 - Differenziazione degli stati alfa 31

    Capitolo 5 - Il paradosso della consapevolezza 36

Parte II: Portali di meditazione naturale 42

    Capitolo 6 - Vista cosciente 44

    Capitolo 7 - Ascolto cosciente 49

    Capitolo 8 - Olfatto cosciente 53

    Capitolo 9 - Gusto cosciente 58

    Capitolo 10 - Tatto cosciente 61

    Capitolo 11 - Considerazioni finali sui portali dei sensi 66

Parte III: Pratica TEM di base 68

    Capitolo 12 - Consapevolezza sferica 71

    Capitolo 13 - La meditazione del guerriero 77

    Capitolo 14 - Mentalità meditativa 90

    Capitolo 15 - Gestire la resistenza mentale 100

    Capitolo 16 - Mappe mentali e fasi della competenza 105

    Capitolo 17 - Sviluppare la flessibilità 109

Parte IV: Applicazione quotidiana 118

    Capitolo 18 - Modifiche opportune dello stile di vita 120

    Capitolo 19 - Superare i pregiudizi percettivi 132

    Capitolo 20 - Guidare le emozioni 140

    Capitolo 21 - Meditazione istantanea 144

    Capitolo 22 - Ritorno all'essenziale 149

    Capitolo 23 - Meditazione naturale 151

Consultazione rapida 156

Fonti 173

A proposito dell'autore 175

Contatto 178

Ringraziamenti

Vorrei innanzitutto ringraziare il mio istruttore di arti marziali, Shizen Osaki, per l'assistenza e il sostegno nelle mie esplorazioni meditative. Sono sicuro che questo nuovo approccio alla meditazione e alla consapevolezza non si sarebbe potuto realizzare senza la sua assistenza.

In secondo luogo, un sincero apprezzamento va al mio studente, Kris Kokay, che mi ha ispirato a scrivere questo libro. Ai miei studenti Linda LaTores e Barbara Becker, i miei ringraziamenti per il loro feedback estremamente utile sul manoscritto.

Vorrei anche ringraziare gli altri miei studenti per la loro dedizione al processo meditativo e per le numerose domande che sono servite a chiarire il contenuto di questo libro.

Ai miei copy-editor, Edward Austin Hall e Hester Lee Furey (che ha anche revisionato il libro), estendo il mio più sincero apprezzamento per avermi aiutato a trovare la mia voce! Ringrazio il mio designer di copertine Nathaniel Dasco per lo straordinario design della copertina.

Mia moglie, Teruko Haight, ha fornito pazienza, sostegno e dedizione nel mettere in dubbio la mia consapevolezza nella vita di tutti i giorni, una pratica inestimabile per la quale le sarò eternamente grato.

Infine, tutta la mia gratitudine ai molti sostenitori che hanno contribuito finanziariamente alla pubblicazione di questo libro. Sappiate che non avrei potuto farlo senza il vostro sostegno.

Di seguito, elenco ogni sostenitore per nome:

    Barbara Becker
    Linda LaTores
    Neal Jepson
    Dan Smith
    Rona Bennett
    Toni Hollenbeck
    Kiri Varatharajan
    Micheal Elliott
    Gagandeep Singh
    Scott Hughes
    Jeffry Meyer
    Irina Pushkina
    John Bishop
    Diane Wright
    Spencer Udelson
    Joop Tjeertes
    Masaya Higuma
    Roi Gary

Vi ringrazio tutti dal profondo del cuore!

Prefazione

Al momento della pubblicazione di questo libro, mi dedico alla meditazione da più di trent'anni e insegno meditazione da più di un decennio. Quando ero adolescente, agli inizi della pratica, mi avvicinai alla meditazione esclusivamente come strumento spirituale. Ma l'anno scorso, mentre discutevo dello sviluppo di questo libro in una lezione di meditazione, uno dei miei studenti di lunga data, Kris, mi suggerì di adottare per il libro un approccio non spirituale, per rendere il Metodo di Inclusione Totale disponibile a più persone.

Kris affermò che il nostro approccio alla meditazione è interamente basato su dei principi; la pratica potrebbe quindi apportare vantaggi a chiunque, qualunque sia il suo background, anche alle persone che non sono interessate al risveglio spirituale. Poiché avevo sempre usato la meditazione con lo scopo del risveglio spirituale, non avevo mai pensato di renderla disponibile al pubblico in generale.

Anche se molte persone che praticano la meditazione TEM (*Total Embodiment Method*, Metodo di Inclusione Totale) riferiscono, come risultato, di provare un senso "spirituale" di connessione con l'universo, non c'è motivo per cui il Metodo di Inclusione Totale non possa migliorare la vita di chiunque. Dopo tutto, il desiderio di arricchire la propria vita è comune a tutti gli esseri umani.

Fra tutte le opzioni di arricchimento della vita a nostra disposizione, la meditazione può essere una delle scelte più sagge, poiché apporta cambiamenti benefici e duraturi nel cervello, che a loro volta vanno a influenzare positivamente la nostra percezione di tutte le esperienze che avremo da allora in poi.

A causa della personalità, degli interessi e del background che entrano nella pratica, alcune persone potrebbero interpretare come spirituale la trasformazione interiore che deriva da una potente pratica di meditazione, mentre altri potrebbero non pensarla affatto in termini spirituali. Non sono sicuro che il linguaggio usato per descrivere la nostra trasformazione interiore sia tanto importante quanto la trasformazione stessa: l'arricchimento delle nostre vite. In ultima analisi, se - come risultato della loro pratica di meditazione - le persone diventano più consapevoli, più amorevoli e più capaci, chi può obiettare qualcosa?

Con il suggerimento di Kris in mente, questo libro è stato scritto per essere di aiuto a chiunque cerchi di arricchire la propria vita attraverso una maggiore consapevolezza. Indipendentemente dal tuo background o dalle tue convinzioni, i principi della meditazione trasmessi tramite questo libro, se praticati, si dimostreranno concretamente benefici per la tua vita.

Praticando le meditazioni qui contenute per un periodo prolungato di tempo, sono certo che la consapevolezza e la chiarezza interiore che otterrai ti aiuteranno a essere un insegnante, studente, genitore, figlio, coniuge, amico, datore di lavoro o impiegato migliore, perché - indipendentemente dalla tua posizione - sarai un individuo più integrato e più capace di quanto non saresti altrimenti. Se il tuo scopo è quello di vivere un'esistenza più sana, più vibrante, chiara, ispirata e autentica, le pratiche contenute in questo libro potranno esserti utili.

Infine, la mia più profonda speranza è che le esperienze meditative che vivrai ti aiuteranno a vedere la bellezza che è dentro di te e tutto intorno a te.

Introduzione

Quando iniziai per la prima volta ad allenarmi nelle arti marziali in Giappone con il mio insegnante Shizen Osaki, rimasi sorpreso di scoprire che dedicava alla meditazione solo pochi secondi prima e dopo ogni sessione di allenamento. Nel corso della mia vita di addestramento nelle arti marziali, ho praticato con molti istruttori. Alcuni di questi impiegano la meditazione all'inizio e alla fine di ogni sessione di allenamento, mentre altri non lo fanno. Di quegli insegnanti che impiegano la meditazione, nessuno di loro ha mai meditato solo per pochi secondi, che sembrava un tempo incredibilmente breve per raggiungere uno stato meditativo. Sebbene meditassi già da tutta la vita, anche prima di unirmi al dojo di Sensei Osaki, il rituale di meditazione di due secondi mise alla prova le mie capacità.

Per molti anni ho eseguito i movimenti delle meditazioni di due secondi senza farmi domande in merito. Nessun altro chiedeva informazioni, quindi pensavo che fosse solo un rituale senza significati pratici. Personalmente, non ho mai raggiunto uno stato di meditazione rilevante durante le molte migliaia di volte in cui ho effettuato quelle meditazioni di due secondi.

Alla fine, raggiunsi un livello senior e iniziai ad allenarmi privatamente con il mio insegnante. Durante una sessione di allenamento privata, chiesi informazioni sul rituale. Il mio insegnante fece una pausa, prima di rispondere (in giapponese, come erano tutte le nostre conversazioni).

> Questa è un'ottima domanda. Nelle arti marziali giapponesi tradizionali non usiamo i modelli di insegnamento adottati nella scuola primaria. L'apprendimento scolastico è passivo. Lì, gli studenti si aspettano che l'insegnante dia loro tutto.
>
> Ritengo che un'esposizione a lungo termine all'apprendimento passivo renda gli studenti meno acuti mentalmente. Per l'addestramento alle arti marziali, la mente degli studenti deve essere acuta; ritengo quindi che il modello di insegnamento scolastico non sia sufficiente per i nostri scopi. Nella nostra formazione nelle arti marziali, ci si aspetta che gli studenti facciano ricerche da soli, al di là di quello che io mostro loro, per scoprire i segreti interiori.
>
> Sebbene possa sembrare che il nostro approccio all'apprendimento sia molto difficile, sento che le persone si sviluppano di più, facendo le proprie ricerche ed esplorazioni, di quanto non facciano quando viene semplicemente detto loro come fare tutto, cosa che determina una mentalità pigra. Sento che, conducendo tu stesso la tua ricerca, puoi far emergere la tua intelligenza innata, e questo ti renderà un artista marziale e un essere umano molto più potente.
>
> Con l'idea della ricerca in mente, penso che la tua domanda sulla meditazione offra una grande opportunità di indagine. Non vedo l'ora di sapere delle tue scoperte.

Dopo averci pensato per diverse settimane, mi venne in mente che lo stile di vita e i doveri dei samurai richiedevano un approccio alla meditazione molto diverso da quello praticato dai monaci.

Il samurai richiedeva un accesso immediato a un profondo silenzio interiore, sotto il caos e la pressione tremendi del combattimento sul campo di battaglia contro altri guerrieri eccezionalmente addestrati. Stare seduti con gli occhi chiusi per ore e ore non avrebbe permesso a un guerriero di adempiere ai suoi doveri, né gli avrebbe permesso di attingere alla calma consapevolezza istantanea di cui aveva bisogno quando veniva attaccato in modo imprevisto o caotico, una possibilità di

Introduzione

cui un guerriero doveva essere sempre consapevole. La pratica di un guerriero doveva essere semplice ed efficace, punto.

Naturalmente, molte arti antiche decadono con il tempo e la mancanza di necessità e, quindi, diventano tradizioni formalizzate e piene di insulsaggini, prive della loro praticità originale: meri gusci vuoti della loro antica gloria. Detto questo, se cerchiamo possiamo ancora trovare tracce di mentalità perdute all'interno di quelle tradizioni. La meditazione di due secondi è un esempio di tali tracce.

Sebbene le arti insegnate da Sensei Osaki fossero ancora molto efficaci, nel corso dei secoli si era sicuramente verificata una certa decadenza. Perché una qualsiasi struttura possa sopravvivere, ogni generazione deve vederla con occhi nuovi, così da rivitalizzarla. Non potevo essere sicuro che la mia risposta all'enigma della meditazione di due secondi fosse corretta, ma aveva un senso e forniva una sfida potente alle mie capacità di meditazione. Non vedevo l'ora di iniziare la mia ricerca.

Una volta che mi sentii sicuro del valore della mia risposta, ne discussi con il mio insegnante, che ascoltò attentamente e poi si fermò un po' a riflettere, prima di rispondere.

> Credo che tu abbia trovato la risposta giusta. Ora devi scoprire un modo di meditare che ti ponga in un'istantanea, calma chiarezza, dalla quale potrai muoverti correttamente, senza pensare, anche sotto un'estrema pressione marziale. Tieni presente che due secondi possono essere solo una traccia di ciò che viene richiesto. Contro un abile avversario, anche due secondi sono troppi. Non vedo l'ora di sentire cosa scoprirai.

Poco dopo questa conversazione, ebbi un'esperienza visionaria che mi fornì un potente suggerimento per la mia formazione. Vidi che avremmo dovuto combinare la nostra pratica di arti marziali con l'arte terapeutica giapponese del *sotai-h*, che ero autorizzato a praticare.

Vidi che, combinando le due arti, sarebbe emersa una profonda consapevolezza che le avrebbe trasformate entrambe e che mi avrebbe rivelato il metodo di meditazione che cercavo. Anche se temevo che il Sensei potesse pensare che ero pazzo perché avevo avuto una "visione", alla successiva sessione di allenamento privata gli dissi quello che mi era stato mostrato.

Sensei Osaki mi disse che si narrava che Kamiizumi Ise no Kami, il fondatore della nostra arte della spada, avesse avuto una visione che lo aveva guidato nella creazione del suo sistema marziale, lo Shinkage-ryu. Lo Shinkage-ryu, a differenza di altre arti dell'epoca, aveva lo scopo di preservare la vita del nemico.

Sensei Kamiizumi sentiva che era un peccato uccidere un nemico inutilmente, perché comprendeva le qualità personali che occorrevano per essere un samurai. Sensei Kamiizumi sentiva che ogni guerriero contribuiva in modo vitale alla società, e che preservare ogni vita, ove possibile, era pertanto la migliore strategia per la società.

Grazie alla visione di Kamiizumi Ise no Kami e alla superiore efficacia del suo sistema marziale, lo Shinkage-ryu fu scelto dallo Shogun (allora il supremo capo militare del Giappone) come sua arte ufficiale della spada. Lo Shinkage-ryu rimase l'arte ufficiale dello Shogun per i successivi 400 anni, fino alla caduta del sistema feudale giapponese. Grazie alla sua incredibile efficienza e alla sua visione di una società positiva, lo Shinkage-ryu è l'arte samurai elitaria più venerata nella storia giapponese.

Quando Sensei Osaki mi parlò della visione di Sensei Kamiizumi, era visibilmente ispirato. Sensei Osaki mi ricordò che, una volta, avevo eseguito *sotai-ho* sul suo ginocchio dolorante, con il risultato che il ginocchio era chiaramente migliorato. Disse che era ansioso di apprendere il mio metodo di terapia e vedere cosa sarebbe potuto accadere combinando terapia e allenamento di arti marziali. Suggerì di riservare diverse ore di ogni giorno alla nostra collaborazione.

Continuammo la nostra formazione quotidiana e privata per diversi anni e, man mano che affinavamo la nostra comprensione delle arti, iniziammo, quasi senza sforzo, a trovarci in stati di meditazione profonda. Fondamentalmente, il metodo che usavamo per la nostra meditazione era puro sentimento, intenzione e consapevolezza rilassata: il risultato di allenamenti alla consapevolezza dedicati, quotidiani, a lungo termine, sotto un'intensa pressione fisica e psicologica.

Mentre mi avvicinavo alla fine della mia formazione, avendo già ricevuto la licenza di maestro nelle quattro arti del samurai insegnate da Sensei Osaki, mi chiedevo come avrei potuto trasmettere il nostro metodo di meditazione ad altri, poiché l'insegnamento era ora una mia responsabilità. Non pensavo che quello che stavamo facendo potesse funzionare per chi non fosse già altamente qualificato.

Discussi della questione con Sensei Osaki. Eravamo d'accordo che la meditazione aveva profondamente influenzato le nostre vite in ogni modo possibile e che, grazie a essa, eravamo persone molto migliori. Convenimmo che, se resa disponibile al grande pubblico, sarebbe stata di grande beneficio alla società.

Sensei disse che non vedeva l'ora che trovassi un modo per trasmettere la meditazione ai principianti. Mi rammaricai del fatto che mi mancasse un metodo graduale che potesse portare rapidamente i principianti alla profondità di consapevolezza alla quale stavamo accedendo noi. Il Sensei poi mi chiese che tipo di meditazione praticassi prima di arrivare al suo dojo.

Spiegai che non avevo mai seguito un corso di meditazione formale, ma che meditavo quotidianamente dall'età di sedici anni. Avevo iniziato con una meditazione di base imparata dalla mia ragazza. Dato che ero uno studente appassionato di arti marziali da quando avevo dodici anni, ero ansioso di trovare un modo per meditare mentre praticavo, così iniziai a modificare gradualmente l'approccio alla meditazione che avevo imparato dalla mia ragazza. Quando entrai a far parte del dojo di Sensei Osaki, il mio approccio era completamente diverso dalla meditazione con cui avevo iniziato da adolescente.

Come risultato della mia pratica prima di unirmi al dojo di Sensei Osaki, potevo già camminare, parlare e svolgere molte altre attività mentre meditavo, ma non ero in grado di entrare immediatamente nello stato meditativo, né riuscivo ad avvalermene sotto i potenti attacchi del mio insegnante.

Il Sensei mi chiese di condividere con lui il mio metodo precedente. Dopo averlo sperimentato, disse di essere certo che sarebbe stato possibile modificarlo facilmente, per creare un sistema passo dopo passo che avrebbe condotto alla consapevolezza funzionale e istantanea che stavamo sperimentando. Mi ritirai dal lavoro e dedicai il tempo che mi restava in Giappone a un addestramento intensivo con il Sensei. Per il resto del mio soggiorno in Giappone praticammo insieme per sei ore al giorno, tutti i giorni, tranne i fine settimana. Facemmo rapidi progressi nelle arti che praticavamo e affinammo la nostra modalità di insegnamento.

In questo libro condividerò il metodo TEM di base, che è un approccio diverso da qualsiasi meditazione di cui probabilmente avrai sentito parlare. Dopo aver descritto le basi, vedremo come fondere la meditazione nella tua vita quotidiana, cosicché non sarai più frenato dalle esigenze di uno spazio tranquillo, posture del corpo specifiche e dogmi.

Potresti rimanere sorpreso dalla semplicità ed efficacia di questo metodo. In poche sedute sarai in grado di meditare con relativa facilità, anche con gli occhi aperti. E, con un po' più di pratica, sarai in grado di camminare, guidare e svolgere molte altre attività durante la meditazione.

Attraverso brevi sessioni di meditazione quotidiane, potrai godere degli incredibili benefici della meditazione nella tua vita attiva e quotidiana. Alla fine, includerai pienamente la meditazione come un modo di essere, non solo come un modo di fare. Io chiamo questo modo di essere "inclusione totale".

Durante tutto il processo del tuo viaggio meditativo, preparerai mente e corpo per una maggiore salute e capacità. Il tuo cervello diventerà più elastico e proverai più calma, chiarezza e ispirazione.

Sorprendentemente, esistono molti studi scientifici sui vantaggi per la salute associati alla pratica regolare della meditazione. Per riassumere questa ricerca, la meditazione promuove la salute attraverso una migliore funzionalità immunitaria e una diminuzione dell'infiammazione cellulare e del dolore. La meditazione promuove la felicità aumentando le emozioni positive, diminuendo al contempo ansia, depressione e stress.

Naturalmente, la meditazione migliora la tua capacità di introspezione, che fornisce una prospettiva di vita più olistica e radicata. La meditazione regolare può anche migliorare la tua vita sociale, poiché aumenta l'intelligenza emotiva e l'empatia, riducendo i sentimenti di insicurezza.

Potresti rimanere sorpreso nello scoprire che la pratica regolare della meditazione migliora positivamente il cervello, aumentando la materia grigia. Nello specifico, lo spessore corticale aumenta nelle aree legate all'attenzione. Il volume del cervello aumenta anche nelle aree correlate alle emozioni positive, alla regolazione emotiva e all'autocontrollo. Questi cambiamenti vitali aumentano il benessere psicologico riducendo la reattività emotiva.

Secondo *Psychology Today*, le ricerche mostrano che si potrebbero anche notare miglioramenti nella memoria, nella creatività e nel pensiero astratto (Seppala).

Sebbene questi benefici siano sorprendenti, ad essere onesti ci vuole molto tempo e impegno per ottenerli; e la maggior parte di noi semplicemente non ha né tempo né energia da dedicare a una pratica di meditazione formale e quotidiana; quindi non gode dei suoi benefici...

E questo ci riporta alle differenze tra il Metodo di Inclusione Totale e le altre forme di meditazione. La TEM ti darà quei benefici più velocemente e più facilmente e ti porterà in un luogo più profondo di quanto potresti immaginare, con gli occhi aperti e mentre sei nel pieno della tua vita quotidiana attiva.

La meditazione non avrà più bisogno di essere un ritiro dalla vita, perché sarai in grado di digerire ciò che la vita ti getta addosso nel momento stesso in cui lo vivi.

Introduzione

Non accumulerai più emozioni e frustrazioni non digerite, perché la vita stessa sarà un processo di purificazione e correzione che rivelerà in modo efficace il tuo io più vero.

A mio parere, la TEM è il segreto meglio custodito al mondo per l'automiglioramento, il potenziamento cognitivo e il sollievo dallo stress. Ho pochi dubbi che questo tipo di meditazione dinamica fosse noto all'élite dei samurai, perché vi si accenna nel rituale di meditazione dei due secondi.

Sebbene non penso che il metodo sia mai stato insegnato formalmente, come modalità, coloro che erano veramente dediti alla formazione potevano scoprirlo durante l'allenamento avanzato. Attraverso questo libro, il metodo - altamente flessibile e altamente efficace - viene codificato e reso accessibile al grande pubblico.

Con un po' di dedizione alla pratica quotidiana, sarai in grado di meditare mentre cammini e parli e anche mentre lavori!

Immagina di avere a tua disposizione tutti i benefici scientificamente provati della meditazione quotidiana a lungo termine senza doverti allontanare dalla vita per entrare in uno stato di meditazione (anche se, di tanto in tanto, può essere opportuno).

Alla fine, con la pratica regolare della TEM, il potere trasformativo della meditazione sarà disponibile ogni volta che vorrai, con un semplice lampo di intenzione.

Il talento dei samurai era l'efficienza. Non erano interessati alla meditazione sedentaria in aggiunta all'addestramento nelle arti marziali (sebbene molti samurai praticassero sicuramente la meditazione sedentaria come pratica religiosa), perché quell'approccio sarebbe stato inutile sul campo di battaglia, dove era necessaria una consapevolezza calma, chiara, vibrante e istantanea, di fronte a ferite raccapriccianti e morte imminente.

Tenendo presente l'efficienza, distingueremo con cura i metodi di meditazione che nascono dalla pratica religiosa da quelli sorti dalla necessità di un'applicazione pratica, poiché tale distinzione può farti risparmiare molto tempo e fatica, se il tuo interesse primario non è quello della pratica religiosa.

Sebbene le meditazioni che insegno possano certamente portare a eccezionali risvegli spirituali, come attestato da molti miei studenti, alla base esse sono vie del guerriero. Come ad attestare le origini della TEM, chiamo la prima meditazione di base la Meditazione del Guerriero.

Con la pratica regolare, durante la vita quotidiana, puoi meditare senza sforzo in pochi minuti, secondi o anche istantaneamente, a seconda di quanto il tuo cervello è abituato alla meditazione. È davvero sorprendente.

Durante il tuo viaggio meditativo, noterai anche che pensieri, sentimenti e comportamenti disfunzionali iniziano a scomparire dalla tua vita, per essere sostituiti da un senso di pace interiore e di appagamento. Inizierai ad accedere a stati di flusso che ti consentono di raggiungere il successo in tutto ciò in cui ti impegni, comprese le relazioni e la professione. Sperimenterai più ispirazione e creatività, imparerai in modo più efficace e avrai una memoria migliore di quella che avresti altrimenti. Il cervello inizierà a rilasciare naturalmente sostanze chimiche che miglioreranno la salute e vitalità a un livello che non raggiungeresti mai se non praticassi la meditazione quotidianamente. Proverai meno stress e ansia e potresti persino iniziare a sentirti come se non fossi mai solo, anche quando non c'è nessun altro accanto a te. Sarai più rilassato man mano che i vecchi problemi mentali ed emotivi svaniranno.

Inoltre, mangerai, dormirai e vivrai in modo più completo di quanto pensavi fosse possibile. Con la pratica costante, vivrai una vita impegnata di vibrante consapevolezza e connettività, e questo significa che sarai un individuo più saggio, più consapevole e più capace di quanto potessi mai immaginare.

Sì, puoi davvero meditare come un maestro samurai. E, in più, puoi farlo con gli occhi aperti, mentre parli, mentre cammini e, alla fine, anche mentre lavori.

Non solo imparerai, passo dopo passo, l'approccio che ho scoperto e perfezionato in Giappone sotto la guida del mio insegnante di arti marziali, Shizen Osaki, ma, insieme a questo libro, ti offro una prova gratuita di 30 giorni del mio corso quotidiano di meditazione guidata online; il che significa che, se capisci l'inglese, ti guiderò personalmente, ogni giorno, attraverso i passaggi della Meditazione del Guerriero. Troverai il link alla fine del libro.

L'obiettivo, almeno per quanto mi riguarda, è che tu possa camminare, parlare e lavorare con vibrante consapevolezza. E, oltre a ciò, la mia intenzione è far sì che tale vibrante chiarezza sia la tua realtà vissuta. Ma, indipendentemente dal fatto che tu scelga o no di avvalerti dell'opportunità di allenarti quotidianamente con me, questo libro ti aprirà gli occhi su possibilità che non hai mai immaginato.

Quello che succederà è questo: ogni giorno, mentre praticherai la breve meditazione, il tuo cervello passerà dallo stato abituale di onde beta - concentrato, stressante e agitato - con cui hai convissuto di default per tutta la vita, allo stato di flusso meditato di onda alfa.

Mentre ti rilasserai in una consapevolezza più ampia, il tuo cervello si sposterà oltre l'alfa, negli stati di onde theta, delta e forse anche gamma, che stimolano cambiamenti strutturali profondamente positivi e duraturi nel tuo cervello.

Non solo mediterai dove vuoi, nella tua vita quotidiana, ma sarà facile e divertente! Inoltre, non dovrai stare seduto in posizioni scomode per lunghi periodi, con gli occhi chiusi. Anche se puoi certamente farlo, se lo desideri.

Con la pratica continua, sarai in grado di passare a stati profondi di consapevolezza e chiarezza con un semplice lampo di intenzione. Immagina di andare a un colloquio di lavoro e, appena prima di incontrare il tuo possibile capo, ti sposti in un attimo in uno stato di chiarezza mentale, calma e vibrante, che fa emergere i tuoi aspetti interiori migliori. Grazie alle virtù della consapevolezza, è più probabile che tu ottenga quel lavoro, se è adatto a te, di quanto lo sarebbe altrimenti.

Con la pratica, puoi entrare rapidamente in stati di meditazione più profondi di quelli che avresti potuto raggiungere in precedenza, anche con molti anni di pratica meditativa sedentaria.

Perché accade tutto questo?

Quando ti limiti alla pratica sedentaria, è perché ti aggrappi alla convinzione di dover creare circostanze esterne ideali, per sentirti completo; una convinzione che crea una lotta tra la vita quotidiana e la consapevolezza, perché le circostanze esterne non corrisponderanno mai all'idea che la mente ha di una perfetta condizione per la meditazione. Con un semplice cambiamento di atteggiamento, supportato da un approccio meditativo flessibile, non c'è bisogno di tale lotta.

Puoi essere incredibilmente consapevole e completo mentre sei immerso nella vita quotidiana attiva. In effetti, non sorprenderti se, anche mentre ti muovi, ti ritroverai a sperimentare alcuni dei seguenti fenomeni, associati a schemi più profondi di onde cerebrali:
- Momenti di perfetta, beata chiarezza.
- Intuizioni e soluzioni spontanee a problemi che ti avevano afflitto in precedenza.
- Rilassamento, quando i problemi mentali/emotivi e i traumi di lunga data e irrisolti iniziano a dissolversi.
- Incredibile coinvolgimento con il presente, tale che il tempo sembra accelerare, facendo sembrare le ore minuti. Eppure, sorprendentemente,

può anche sembrare che il tempo rallenti, quando ti trovi in situazioni di vita complicate, cosa che ti consente di destreggiarti consapevolmente con meno affanno in quei momenti difficili.
- Sensazioni fisiche migliorate, come sentire le pulsazioni in tutto il corpo, sapere quando qualcuno ti sta fissando da dietro o sentirti tutt'uno con il tuo ambiente
- Livelli di intimità e piacere sessuale al di là di quelli che hai mai provato finora
- Esperienze inspiegabili di sincronicità
- Profondi stati visionari
- Senso trascendente di unità con l'universo

Poiché la TEM non ha dogmi o forme fisse, e poiché si basa esclusivamente sui principi di consapevolezza e sulle caratteristiche naturali del corpo umano, è altamente flessibile e si applica bene a qualsiasi situazione. In effetti, molti dei miei studenti sono praticanti e insegnanti di lunga data di altre forme di meditazione. Riferiscono che uno dei maggiori vantaggi dell'approccio TEM è che si fonde molto bene con qualunque meditazione stiano attualmente praticando, amplificandola.

Con la flessibilità in mente, è mia speranza che i praticanti di altre forme di meditazione prendano ciò che trovano utile dall'approccio TEM e, se lo desiderano, lo usino per migliorare ciò che stanno già facendo. Se sei un principiante nella meditazione, non preoccuparti delle difficoltà, perché scoprirai rapidamente quanto sia facile la meditazione del guerriero. Più volte ho visto che anche i bambini possono meditare facilmente con essa. In effetti, possono farlo con più facilità rispetto agli adulti, che tendono a pensare troppo al processo.

Cominciamo la nostra esplorazione!

Parte I

Princìpi della meditazione

Cos'è la meditazione? Molte persone tendono a equiparare la meditazione a una certa pratica disciplinata che comporta lo stare seduti in silenzio a gambe incrociate e con gli occhi chiusi. I lettori potrebbero essere sorpresi di scoprire che ci sono molti modi per attingere alla vibrante consapevolezza della meditazione, e non sono tutti ugualmente efficaci.

Quasi ogni meditazione ha una forma fissa specifica che la definisce. Il problema con le definizioni di "meditazione" basate sulla forma è che possono indurci a dare più valore ai passi e alle tradizioni che non alla consapevolezza che la meditazione originariamente mirava a rivelare.

Per evitare la trappola della forma e della tradizione, definirò la meditazione non come una forma, bensì come uno stato di vibrante chiarezza che deriva da una consapevolezza profondamente integrata del momento presente. Il modo in cui arriviamo a questa vibrante consapevolezza del presente, secondo me, è meno importante dell'esperienza diretta di vibrante chiarezza.

Per trascendere la forma e la tradizione, dobbiamo prima isolare i princìpi della consapevolezza. Per isolare i princìpi della consapevolezza è naturalmente utile conoscere un po' lo stato del cervello durante la meditazione, rispetto allo stato del cervello quando non è in meditazione. Le differenze si riflettono in onde cerebrali misurabili.

Nella Parte I, esploriamo la prima onda cerebrale associata alla meditazione e la confrontiamo con l'onda cerebrale associata al pensiero e all'attività quotidiana. Useremo due esercizi chiave, la respirazione vagale e la messa a fuoco a punto fisso, per scoprire la differenza tra i nostri schemi di onde cerebrali regolari che inducono lo stress, noti come onde beta, e le onde alfa, le prime onde cerebrali che si manifestano quando meditiamo.

Praticare gli esercizi della Parte I non solo ti dimostrerà, attraverso l'esperienza, le differenze tra queste due onde cerebrali, ma servirà anche per isolare i principi di consapevolezza vitale che, una volta compresi, miglioreranno la tua comprensione di qualsiasi forma di meditazione tu pratichi. Una volta che avrai introiettato abbastanza in profondità i principi della consapevolezza attraverso l'esperienza ripetuta, scoprirai che sei libero dalle forme di meditazione e permani naturalmente in uno stato di vibrante consapevolezza per tutta la giornata.

Come ho affermato nel capitolo precedente, le onde beta vengono emesse quando il cervello è concentrato e impegnato in attività mentali. Ad esempio, una normale conversazione stimolerebbe il tipico stato di onde beta in una persona normale. Per contro, discussioni, discorsi e dibattiti stimolerebbero uno stato di onde beta elevate.

Nella maggior parte di noi, a meno che non stiamo riposando, il cervello genera costantemente onde beta misurabili. Quando è a riposo, il cervello generalmente emette onde alfa, che sono più lente e di ampiezza più alta. L'alfa rappresenta uno stato di non eccitazione, quindi una meditazione calmante di base rifletterebbe l'alfa.

Una volta che avremo isolato, sperimentato e raggiunto una comprensione di base delle differenze tra onda beta e onda alfa e di come questi stati si relazionano alla meditazione e avremo raggiunto una comprensione dei principi essenziali della meditazione, inizieremo la nostra esplorazione della Pratica TEM di base, la Meditazione del Guerriero.

Credo che, con una certa esperienza, apprezzerai l'incredibile facilità e flessibilità della Meditazione del Guerriero. Puoi quindi usarla come un metodo autonomo, se lo desideri, o in aggiunta ad altri metodi che potrebbero adattartisi di più a livello personale. Praticare gli esercizi che troverai nella Parte 1 - anche poche volte - dovrebbe essere sufficiente per radicare la tua comprensione di quei principi essenziali che ti consentiranno di iniziare la pratica meditativa.

Capitolo 1

Il sentiero della concentrazione

I buddisti dicono che tutte le forme di meditazione derivano da uno di questi due approcci: la meditazione Vipassana, "dell'intuizione", o la meditazione Samatha, "della purificazione". Naturalmente, la meditazione risale a molto prima dell'avvento del buddismo, ma se guardiamo ai principi di base di Vipassana e Samatha, possiamo vedere che i principi fondamentali di quelle meditazioni si trovano in varie forme di meditazioni antiche e moderne.

Di nuovo, Vipassana si traduce in inglese come *intuizione*, mentre Samatha si traduce come *purificazione*. Un buon termine per riassumere il principio chiave di Vipassana è *consapevolezza*, mentre con Samatha un termine simile potrebbe essere *concentrazione*.

Secondo i sutra buddisti, il Buddha insegnò insieme Vipassana e Samatha, non riferendosi a loro come modalità di meditazione, ma affermando, invece, che erano qualità che derivavano dalla pratica corretta della meditazione e che entrambe le qualità erano necessarie per la liberazione.

Sfortunatamente, anche se la maggior parte delle scuole buddiste affermano di insegnare la vera meditazione del Buddha, in realtà nessuno sa quale fosse il metodo originale, poiché non esistono scritti originali. Tuttavia, molte espressioni moderne del buddismo hanno separato Vipassana e Samatha e le hanno codificate in specifiche forme di meditazione. La maggior parte delle scuole pratica l'uno o l'altro metodo, con la stragrande maggioranza che utilizza principalmente meditazioni basate sulla concentrazione di Samatha, che si adattano facilmente a una cultura religiosa in cui il punto focale potrebbe essere un sutra, una preghiera, un'immagine o un nome religioso.

Vipassana potrebbe essere considerata una forma di meditazione meno intensamente concentrata rispetto a Samatha. Confrontandole, in Samatha cerchi di concentrarti escludendo tutto, tranne il punto focale, mentre Vipassana è un po' più fluida. Ad esempio, le scuole di concentrazione potrebbero farti concentrare su una fiamma di candela o su una certa parola (mantra) che ripeti nella tua mente o dici ad alta voce per escludere ogni altra consapevolezza; la meditazione della consapevolezza, invece, potrebbe farti concentrare sul percorso del respiro e l'andirivieni del pensiero, mentre tu rimani distaccato da essi.

Al di là del buddismo, troviamo che, di tutte le meditazioni conosciute al mondo, la stragrande maggioranza di esse rientra nella categoria della concentrazione, con caratteristiche particolari che riguardano in buona parte il loro punto focale specifico, la loro tradizione e la loro cultura.

Per quanto riguarda il principio di Vipassana/consapevolezza, possiamo guardare alla meditazione della mindfulness o consapevolezza, che è un derivato secolare delle pratiche buddiste. La meditazione mindfulness di base concentra la consapevolezza sul respiro. Poiché il respiro viaggia attraverso il corpo con il suo flusso e riflusso naturale, la nostra consapevolezza si espande un po' di più di quanto farebbe se ci concentrassimo su un mantra, per esempio.

Dal punto di vista della TEM, le meditazioni di base Samatha/concentrazione e Vipassana/consapevolezza non sono così diverse, in quanto entrambe le forme sono esclusive nella loro attenzione. Le scuole Samatha consigliano un'attenzione o una focalizzazione esclusiva totale, mentre le scuole Vipassana sono, in confronto, un po' meno esclusive. La somiglianza, dal punto di vista della TEM, è che entrambi gli approcci consigliano un'attenzione esclusiva.

Il motivo per cui queste scuole sono esclusive, nel loro focus meditativo, è che se ti rilassi, concentrandoti su una sola cosa abbastanza a lungo, la mente si acquieta, e si verifica una svolta verso una consapevolezza più profonda.

La prima volta che ho praticato la meditazione, da adolescente, ha segnato proprio una tale svolta. Ci è voluta molta attenzione costante per un lungo periodo di tempo, ma l'ha segnata davvero. L'unico problema è stato che non ero in grado di tornare di nuovo in quel luogo di vibrante consapevolezza usando l'approccio della concentrazione.

È naturalmente possibile avere esattamente lo stesso tipo di svolta illuminante con qualsiasi tipo di meditazione, ma, a dire il vero, le esperienze rivoluzionarie sono rare anche per coloro che meditano con costanza utilizzando l'approccio della concentrazione. Alcune persone potrebbero praticare diligentemente per tutta la vita e non avere mai l'esperienza di svolta, mentre altre l'avranno all'inizio e poi mai più.

Nel momento in cui sperimentiamo una svolta del genere, tendiamo a desiderare che si ripeta. Se non arrivasse, potremmo essere inclini a rinunciare, in preda alla frustrazione. È chiaro che molti di noi potrebbero non essere interessati a un'esperienza di illuminazione, ma semplicemente intenzionati a migliorare la qualità della propria vita, ridurre lo stress, ampliare le proprie prospettive e così via. La concentrazione rilassata è davvero un modo per arrivarci, ma c'è un altro percorso che non riguarda la concentrazione esclusiva e che si fonde perfettamente con la tua vita quotidiana attiva.

Ancora una volta, che si tratti di Samatha o di Vipassana, le meditazioni tradizionali sono tutte esclusive nella loro consapevolezza rispetto all'approccio TEM, il che significa che sono basate sulla concentrazione. Comprendere il principio di concentrazione attraverso l'esperienza diretta ti darà una base per comprendere la differenza fondamentale tra l'approccio TEM e gli altri approcci alla meditazione. Per offrirti questa esperienza fondamentale, ideeremo la nostra meditazione basata sulla concentrazione affinché tu possa esercitarti ora, in base alle opzioni che sono tradizionalmente disponibili.

Se guardiamo a quasi tutti i tipi di meditazione presenti nel mondo, notiamo che hanno tutti qualcosa in comune, vale a dire la concentrazione su qualcosa di specifico, con l'esclusione di tutto il resto. Zazen, la meditazione da seduti del buddismo Zen, ad esempio, si concentra sul mantenimento della corretta postura del corpo durante la meditazione. La meditazione mindfulness, invece, si concentra sul mantenimento della consapevolezza del percorso naturale del respiro durante la meditazione. Le meditazioni basate sui mantra - meditazione trascendentale, comunemente nota come MT, e meditazione cristiana, ad esempio - si concentrano sulla ripetizione di una parola spirituale, vocalmente o nella mente. Indipendentemente dal paese di origine, dalla religione o dalla forma della meditazione, tutte si concentrano su qualcosa, escludendo tutto il resto.

Ora, facciamo un po' di esperienza con la meditazione di concentrazione. Seleziona dall'elenco qui sotto il punto di focalizzazione su cui vorresti meditare (se sei già esperto nella meditazione basata sulla concentrazione, sentiti libero di saltare al titolo nella pagina successiva, "Considerazioni finali sulla meditazione di concentrazione"):

- Una posizione seduta stabile ed eretta
- Consapevolezza del respiro
- L'occhio della mente: concentrati su un simbolo religioso o sacro
- La sensazione tra i tuoi occhi chiusi
- Ripetizione mentale di una parola breve a tua scelta, come "pace", "amore", "gioia", ecc.
- Ripetizione vocale di una preghiera a tua scelta

Per la nostra pratica, seguiremo le linee guida generali consigliate dalla maggior parte delle tradizioni di meditazione.

Tempo

Imposta un timer di 15 minuti, in modo da essere meno incline a pensare al tempo durante la meditazione.

Luogo

Scegli un luogo caldo, tranquillo e confortevole dove non verrai disturbato.

Posizione

Siediti comodamente ovunque desideri esercitarti, con la colonna vertebrale leggermente eretta ma non eccessivamente rigida.

Occhi

Chiudi gli occhi o tienili leggermente aperti, ma, se sono aperti, non permettere ad essi di concentrarsi su nulla all'interno del tuo campo visivo.

Pratica

L'obiettivo della pratica di meditazione dovrebbe essere mantenere la consapevolezza sul punto focale selezionato, mentre sei il più rilassato possibile. Quando noti che la tua mente vaga – ed è probabile che, di tanto in tanto, lo faccia – riporta semplicemente la tua consapevolezza al punto focale, senza preoccuparti di niente.

Non preoccuparti eccessivamente di farlo nel modo giusto o sbagliato, poiché questa preoccupazione ti impedirà di rilassarti a sufficienza per entrare in uno stato meditativo. Resta semplicemente sul punto focale che hai scelto e non pensare troppo al procedimento, cosa che gli adulti sono invece molto inclini a fare.

Considerazioni finali sulla meditazione di concentrazione

C'è una ragione per cui la meditazione di concentrazione si trova nelle culture e pratiche spirituali di quasi tutto il mondo. In breve: la meditazione di concentrazione, se siamo costanti, funziona.

Idealmente, la tua prima meditazione ti è piaciuta. Se sei come ero io quando ho meditato per la prima volta, potresti scoprire di voler meditare per più di quindici minuti. Se hai tempo e ti stai godendo la meditazione di concentrazione, ti consiglio vivamente di dedicarle tutto il tempo che vuoi per esplorarla.

Una delle sfide poste alle meditazioni basate sulla concentrazione è la facilità di annoiarsi o distrarsi mentre il cervello si stanca per lo sforzo richiesto per concentrarsi. Le persone che soffrono di ADHD (*Attention-deficit/hyperactivity disorder*, disordine da deficit di attenzione/iperattività) tendono a trovare le meditazioni di concentrazione estremamente difficili, poiché la loro attenzione salta quasi costantemente. La stessa difficoltà è riscontrata dai bambini, che, molto comprensibilmente, potrebbero iniziare a non amare la meditazione, se fossero costretti a usare un metodo basato sulla concentrazione.

Se desideri approfondire lo studio della meditazione basata sulla concentrazione, nella sezione Consultazione rapida fornisco istruzioni dettagliate su come eseguire meditazioni Zen, mantra e mindfulness. Ne consiglio lo studio.

Capitolo 2

Oltre la concentrazione

Poiché non stiamo necessariamente praticando la meditazione a fini religiosi, non è necessario che tu venga informato in merito alla terminologia, agli scopi religiosi e alle forme di meditazione tradizionale. Ho fatto riferimento a queste cose a inizio libro per aiutare il lettore a capire le origini della meditazione e a vedere oltre la terminologia, in modo che possiamo arrivare ai principi liberatori della meditazione. Detto ciò, per riservare a queste tradizioni un trattamento equo, qui fornirò solo qualche altra spiegazione, prima di passare ai principi che ti libereranno dalle forme.

A causa della competitività religiosa e della tendenza degli esseri umani ad aggrapparsi a nomi e tradizioni, può sembrare che Samatha (concentrazione) e Vipassana (consapevolezza) siano pratiche totalmente separate, ma di fatto c'è una certa sovrapposizione tra questi due principi, anche se raramente tale sovrapposizione viene indicata dagli insegnanti.

È saggio notare che concentrazione e consapevolezza non sono cose totalmente separate. Ad esempio, se ti rilassi nella concentrazione per un periodo abbastanza lungo, può emergere improvvisamente una profonda consapevolezza. Rilassamento, consapevolezza e intuizione possono emergere attraverso qualsiasi pratica meditativa, ma – e questo è importante – non tutte le pratiche meditative sono ugualmente coerenti a questo riguardo.

A seconda dell'individuo e del tipo di vita che conduce, alcune forme di meditazione richiedono uno sforzo molto maggiore perché possa essere ottenuto l'effetto desiderato; e poi, naturalmente, tutte le meditazioni strutturate hanno i loro limiti, in base alla forma specifica. Alcune limitazioni includono: requisiti per sedersi, mantenimento di determinate posture, gesti delle mani, posizioni della lingua, chiusura degli occhi, respirazione particolare, cantilene (vocali o no), ecc.

È facile capire perché stare in fila per la spesa in un supermercato e cantare un mantra non è consigliabile. Cantilenare in pubblico è un'attività antisociale, perché indurrà le altre persone a rifuggirti, ed è giusto che sia così. Chiunque sia anche leggermente consapevole sta, a un certo livello, attento al pericolo; se non riesci nemmeno a stare in coda normalmente in un supermercato, beh, questa per gli altri è una bandiera rossa. Se siamo saggi, non cantileniamo mentre siamo in pubblico. Pertanto, la convinzione che la cantilena sia necessaria per meditare ci pone dei limiti in merito ai momenti in cui possiamo mettere in pratica la meditazione.

Allo stesso modo, se per trovare calma e chiarezza, crediamo di doverci sedere e chiudere gli occhi, ci poniamo dei limiti. Per la maggior parte delle persone, tuttavia, non c'è ragione per tale limitazione, se non la loro convinzione che la meditazione debba essere fatta in un certo modo.

Finché manteniamo tali convinzioni, il nostro sviluppo come individui è notevolmente limitato. Per raggiungere il nostro potenziale di esseri umani è necessario mettere in discussione convinzioni, supposizioni, insegnanti e tradizioni. Non sto suggerendo che dovremmo discutere o essere scortesi con i nostri insegnanti, ma che è saggio mettere in discussione ed esplorare, attraverso la nostra esperienza, per vedere quali siano i nostri limiti attuali. Facendo domande ed esplorando, possiamo scoprire, a poco a poco, che i limiti precedenti iniziano a dissolversi.

Perché crediamo di non poter essere calmi e lucidi mentre camminiamo, parliamo, lavoriamo? Forse quelle circostanze non sono effettivi fattori limitanti come abbiamo creduto che fossero. C'è solo un modo per scoprirlo: sfidare questi presupposti più e più volte. Con la continua esplorazione e con la pratica, scoprirai sicuramente di poter fare tutte queste cose da un luogo di consapevolezza.

La cosa sorprendente della meditazione è che, anche con tutti i limiti che abbiamo posto alla pratica, le persone ne traggono comunque enormi benefici. Immagina quanto potrebbe essere più potente la meditazione, se ci liberassimo dalle restrizioni poste dalla concentrazione e dalla forma e, invece, abbracciassimo i principi liberatori.

Non è che qui stia criticando la tradizione, perché ho trascorso gran parte della mia vita ad allenarmi nelle tradizionali arti marziali e di guarigione, dove, proprio come nell'addestramento di meditazione tradizionale, ci si aspetta che i discepoli scoprano da soli il vero processo. Fondamentalmente, sono d'accordo con l'approccio alla scoperta di sé, ma credo anche che gli istruttori dovrebbero informare i loro studenti che sono i soli responsabili di questa esplorazione di sé e di una migliore comprensione del percorso. Sebbene il mio insegnante abbia sottolineato chiaramente i requisiti dell'esplorazione personale per ogni studente, molti insegnanti non dicono agli studenti quali sono le aspettative nei loro confronti.

Ai tempi dei samurai, era generalmente inteso che i discepoli dovessero trovare la propria strada attraverso il programma, senza fare affidamento sulle indicazioni dell'insegnante. A quei tempi, il percorso verso la maestria era descritto come "Shuhari". La parola *Shuhari* è composta da tre caratteri cinesi distinti, 守 破 離, che descrivono l'ordine che il percorso verso la maestria dovrebbe seguire.

Shu (守) si traduce in inglese come "proteggere" o "obbedire". Nella fase Shu, i discepoli devono obbedire e seguire le linee guida e le tecniche del programma, per acquisire una comprensione esperienziale di base. Potremmo pensare a Shu come alla fase delle rotelle, quando impariamo ad andare in bicicletta.

Ha (破) si traduce in italiano come "distacco" o "divagazione". La fase di apprendimento Ha richiede la messa in discussione del programma, l'esplorazione al di là delle tecniche consolidate. Nella fase Ha, le rotelle vengono rimosse.

Ri (離), che si traduce in italiano come "lasciare" o "separare", significa arrendersi a un modo di essere totalmente consapevole ma naturale, libero dalle tecniche. Pochissime persone riescono ad arrivare allo stadio Ri di qualsiasi pratica. Potremmo riferirci a Ri come alla maestria.

Ri è uno stadio che non può essere raggiunto dai principianti, perché, quando i principianti si arrendono a un modo naturale di essere, ciò che emerge non è la consapevolezza ma l'abitudine, che è l'accumulo di schemi inconsci e meno funzionali nel corso della vita. Affinché la giusta Ri emerga, deve essere sostenuta da una profonda consapevolezza, tale che i modelli disfunzionali e inconsci diventino consci e vengano trasformati attraverso lo stadio Ha, così che l'individuo diventi, quindi, inconsciamente funzionale: Ri. Ciò che emerge nella fase Ri non è più il solo rigetto di abitudini e tecniche, ma è invece qualcosa di nuovo e ispirato, di completo.

Molti, se non la maggior parte dei moderni insegnanti di meditazione, sono in realtà ancora a un certo livello dello stadio Shu, e, poiché sono ancora vincolati dalla forma, non vedono la prospettiva che si apre oltre il programma. Non si rendono conto di essere realmente imprigionati dalle tecniche e dagli insegnamenti, che inizialmente li hanno aiutati, ma che ora li stanno opprimendo.

Questa critica non si rivolge solo alle antiche tradizioni, poiché gli esseri umani, indipendentemente dall'epoca, possono sentirsi a proprio agio con forme e teorie e assuefarsi a esse. Nel mondo scientifico e accademico non è insolito ostracizzare un estraneo che sfida una teoria consolidata. Ludwig Boltzmann, ad esempio, sviluppò formule che spiegavano le proprietà degli atomi come base della natura fisica della materia. La sua teoria smentiva anche le teorie accettate del tempo. Boltzmann fu liquidato dalle autorità del suo campo e alla fine si suicidò, dopo anni di lotte per trovare sostenitori della sua teoria. Tre anni dopo che Boltzmann si era suicidato, Ernest Rutherford gli diede ragione scoprendo il nucleo di un atomo.

Un certo grado di scetticismo è importante, ma lo è anche l'esplorazione. Ignorare e scoraggiare l'esplorazione non è saggio, ma farlo è parte della natura umana. L'intelligenza, d'altronde, non è mai stata un affidabile sistema di sicurezza contro il richiamo della conoscenza precedentemente accettata, come alcuni degli individui più razionali del pianeta, gli scienziati, hanno dimostrato più volte.

Liberati dai pregiudizi con la curiosità, esplorando. Scoprirai che meditare è davvero stimolante e divertente come esplorazione, non solo come disciplina. In effetti, la mia idea è che qualsiasi meditazione in cui non esplori non sia affatto una meditazione vera e propria, perché, in tal caso, non sei completamente impegnato, non presti piena attenzione, non cominci da capo in ogni momento: il che significa che sei in uno stato di onda beta.

Per incoraggiare l'esplorazione, una volta acquisite le nozioni di base della TEM, ti suggerisco di esplorare e testare sempre di più, per vedere come superare i tuoi limiti. Se hai già una pratica di meditazione consolidata, ti consiglio di esplorare di nuovo quella pratica come se fosse la prima volta.

Molti insegnanti si rifiutano di rompere con la tradizione per esplorare. Non preoccuparti, perché non c'è bisogno di discutere con il tuo insegnante o di combattere contro una tradizione. Esplora da solo e vai avanti in un modo che ti arricchisca la vita, perché questo è il modo migliore per apportare un cambiamento positivo nella tua esistenza e nel mondo. Divertiti con la meditazione.

Per quanto riguarda Shuhari, sospetto che, in effetti, la maggior parte delle tradizioni insegni il concetto, probabilmente usando un'altra terminologia. Il problema è che così pochi praticanti attraversano tutte queste fasi, a causa del ritmo del mondo moderno e dell'incapacità delle tradizioni di adattare le loro modalità di insegnamento. Semplicemente, non abbiamo più tempo; quindi il sentiero di Shuhari, anche se spiegato come un concetto, generalmente non viene vissuto.

Quando il compito principale dei samurai era quello di addestrarsi, essi avevano quasi tutto il giorno, ogni singolo giorno, per esplorare e per scoprire. Lo stesso si potrebbe dire dei monaci. In quelle circostanze ideali, poteva non essere necessario indicare i principi ai discepoli. Ma, nella vita moderna, le persone non hanno tanto tempo da dedicare all'addestramento, all'esplorazione e alla scoperta e, di conseguenza, i principi sono stati in gran parte trascurati e dimenticati, lasciandoci attaccati alla forma e alla tradizione.

Indipendentemente dall'insegnamento, tuttavia, dobbiamo tutti iniziare la nostra pratica con la forma, e questo è vero anche per la TEM. La differenza è che, con la TEM, impari i principi nella fase del principiante, in modo che, nella pratica, la forma diventi estremamente flessibile per te, il che ti porterà rapidamente alla fase di esplorazione Ha, che può, a sua volta, portarti rapidamente allo stadio di libertà ispirata, Ri.

Capitolo 3

Passaggio ad alpha

Il primo cambiamento scientificamente misurabile che si verifica quando entriamo in meditazione è nelle onde cerebrali. Queste passano da uno stato di eccitazione orientato all'obiettivo, che coincide con le onda beta, a uno stato di riposo e di rilassamento, indicato da alfa. In generale, durante la meditazione il cervello impiega meno di un minuto per passare dalle onda beta alle onda alfa.

Più tempo passiamo nella meditazione impegnata, più profonda sono le onde alfa, che possono quindi passare alle onde theta, delta e forse anche gamma, che rappresentano delle possibilità di consapevolezza e dei benefici per la salute ancora più profondi.

A quanto pare, qualsiasi forma di meditazione può far passare ad alfa le tue onde cerebrali. Infatti, se rimani seduto a osservare il tuo respiro per un minuto, probabilmente entrerai in onde alfa. È probabile che lo stesso cambiamento avvenga anche se preghi o cantileni per un minuto. Armati della consapevolezza che qualsiasi meditazione può portarci in alfa, possiamo utilizzare questa comprensione per trovare un metodo semplice che sposti in modo efficiente il nostro cervello sulle onde alfa anche durante l'attività quotidiana.

Uno di questi metodi è la respirazione vagale. La respirazione vagale è un processo molto semplice che, alla maggior parte delle persone, se fatto correttamente, non richiederà più di due respiri il passaggio alle onde alfa. Considerando che alcuni lettori possono portare con loro più ansia e stress di altri, e che saranno necessari alcuni tentativi anche solo per familiarizzare con il processo, dovremmo assicurarci di fare almeno sei respiri vagali, in modo che tutti passino in alfa.

Anche se non faremo affidamento sui metodi respiratori, una volta che avremo acquisito familiarità con la Meditazione del Guerriero, la respirazione vagale ti darà un'idea di quanto sia facile passare dalle onde beta alle onde alfa. Una volta che sai riconoscere quando si verifica il cambiamento, possiamo esplorare approcci più applicabili che possano fondersi perfettamente con la tua vita quotidiana.

Prima di arrivare alla respirazione vagale, ecco cosa c'è da sapere sul nervo vago: il nome del nervo vago è stato ispirato dal termine *"vagabondo"*, perché il nervo vago, il più lungo dei nervi cranici, ha fibre sensoriali che collegano il tronco cerebrale agli organi viscerali. Il nervo vago controlla il sistema nervoso parasimpatico, contrasta i sintomi di un sistema nervoso simpatico iperattivo, vale a dire stress, ansia e altre risposte adrenaliniche di tipo lotta-fuga-blocco, comprese alcune forme di depressione.

Il nervo vago gestisce una vasta gamma di funzioni vitali, trasmettendo agli organi impulsi motori e sensoriali. Fino a tempi molto recenti, la scienza medica non percepiva alcuna connessione tra il sistema immunitario e il sistema nervoso, perché le cellule immunitarie fluttuano liberamente nel corpo, mentre le cellule nervose sono fisse nella loro posizione. A causa di questa apparente disconnessione tra il sistema nervoso e la funzione immunitaria, la comunità scientifica e medica presumeva che il sistema nervoso non potesse svolgere alcun ruolo nella stimolazione immunoelettrica della funzione vagale. Tuttavia, un numero crescente di ricerche di Kevin Tracey – neurochirurgo e presidente del Feinstein Institute for Medical Research di Manhasset, New York – attesta che la stimolazione del nervo vago può essere un sistema potente per trattare l'infiammazione cronica e le cosiddette malattie incurabili (Pavlov e Tracey).

Tracey ha fatto esperimenti con i ratti, per determinare se la stimolazione elettrica del nervo vago potesse alleviare l'infiammazione. Ha anestetizzato un ratto, gli ha effettuato un'incisione nel collo e ha inviato diversi impulsi elettrici di un secondo al nervo vago esposto del ratto. Dopo aver cucito il taglio, ha somministrato alla cavia una proteina batterica che innesca l'infiammazione nei mammiferi.

Dopo un'ora, avrebbe dovuto esserci un'infiammazione dilagante, ma invece risultava bloccata per il 75%. Tracey ha scoperto che tutti i segnali di informazione tra il cervello e il resto del corpo, inclusa l'infiammazione, vanno e vengono come segnali elettrici.

Allora, che rapporto ha questa scoperta del nervo vago col respiro? Tracey ha usato l'elettricità per stimolare il nervo vago, ma noi possiamo usare il respiro per farlo. Wim Hof ha dimostrato che i professionisti del suo metodo di respirazione sono immuni alle proteine tossiche somministrate loro nel sangue (Kox et al.).

Studi preliminari sul metodo di Hof presso il Radboud University Medical Center dei Paesi Bassi indicano che queste tecniche possono sopprimere temporaneamente una risposta immunitaria inappropriata. Gli stessi effetti sono stati riscontrati in altri simili metodi di respirazione.

Peter Pikkers e il suo dottorando, Matthis Kox, hanno testato campioni di sangue di Hof e di studenti addestrati nel metodo per valutare gli indicatori di infiammazione prima degli esercizi di respirazione e della meditazione e dopo un bagno completo nel ghiaccio di 80 minuti. I risultati hanno mostrato livelli notevolmente ridotti di proteine associate alla risposta immunitaria.

Pikkers e Kox hanno utilizzato un altro esperimento per testare la risposta innata del sistema immunitario di Hof. Il sistema immunitario innato distingue le cellule del corpo dalle cellule invasive ed elimina gli intrusi.

Hanno iniettato un'endotossina destinata a stimolare la risposta immunitaria. La maggior parte dei soggetti avverte febbre, mal di testa e brividi dopo l'esposizione al veleno, oltre a livelli elevati di proteine di segnalazione chiamate "citochine". Hof non ha sofferto di nessuno dei sintomi negativi e aveva la metà delle citochine rispetto ai soggetti di controllo. I suoi studenti, che in seguito hanno sostenuto lo stesso test, hanno avuto una risposta simile a quella di Hof.

Credo che il collegamento sia il nervo vago, che viene stimolato da certi tipi di respirazione. Sebbene siano necessarie molte più ricerche per confermare il motivo per cui questi metodi di respirazione creino tali risposte immunitarie incredibilmente benefiche, il corpus di ricerche sul nervo vago e su come questo influisca sulla salute è in crescita.

Come ha dimostrato Kevin Tracey, il nervo vago, che si collega a tutti gli organi tranne alle ghiandole surrenali, può prevenire l'infiammazione. Quando il nervo vago riceve un segnale di infiammazione, avvisa il cervello. Il risultato è il rilascio di neurotrasmettitori antinfiammatori che regolano la risposta immunitaria. La respirazione vagale e metodi simili aiutano il sistema immunitario a dare una risposta adeguata ai patogeni.

Per chiarire la "sensazione viscerale" o intuizione, sappi che il nervo vago mette anche in comunicazione l'intestino e il cervello attraverso impulsi elettrici. Se la comunicazione è chiara, la nostra sensazione viscerale sarà molto più precisa di quanto sarebbe se il nostro sistema nervoso fosse iperreattivo o poco reattivo.

Uno studio condotto presso l'Università della Virginia ha dimostrato che la stimolazione del nervo vago rafforza la memoria (Hassertet al.). La stimolazione ha innescato il rilascio di noradrenalina nell'amigdala, cosa che consolida i ricordi. L'effetto funziona sia nei ratti che negli esseri umani e suggerisce che le strade aperte dall'osservazione del nervo vago possono offrire un nuovo trattamento per patologie come il morbo di Alzheimer.

Proprio così come è intimamente connesso con tutti gli organi, regolando la loro funzione, il nervo vago regola anche la frequenza cardiaca attraverso impulsi elettrici al tessuto muscolare dell'atrio destro. Il risultato è un rilascio di acetilcolina, che rallenta il battito. Come i monaci tibetani hanno ripetutamente dimostrato, essi sono in grado di rallentare il battito cardiaco attraverso la respirazione, e anche tu puoi farlo.

Il nervo vago avvia la risposta di rilassamento del corpo. La maggior parte di noi ha un sistema nervoso simpatico sovrastimolato, il che si traduce in un rilascio quasi costante nel flusso sanguigno degli ormoni dello stress, cortisolo e adrenalina. Una corretta respirazione può stimolare il nervo vago a dire al tuo corpo di rilassarsi attraverso il rilascio di acetilcolina, prolattina, vasopressina e ossitocina.

È stato dimostrato che la stimolazione regolare del nervo vago riduce drasticamente e/o inibisce i sintomi di artrite reumatoide, shock emorragico e altre gravi malattie infiammatorie che, in precedenza, si pensava fossero incurabili.

Siamo alla vigilia di nuovi trattamenti che utilizzano le qualità del nervo vago. Ma, per i monaci tibetani, probabilmente non c'è nulla di sorprendente in queste nuove scoperte, poiché essi usano il respiro per stimolare il nervo vago, come mezzo per curare l'infiammazione, forse da migliaia di anni.

Ecco come eseguire la respirazione vagale:

Obiettivo

Lo scopo di questo esercizio non è solo quello di effettuare il passaggio dalle onde beta alle alfa, ma anche di notare quando si verifica tale spostamento.

Preliminari

Prima di iniziare l'esercizio di respirazione vagale, prendi nota dello stato della tua mente e della sensazione del tuo corpo. Non è necessario provare a cambiare la sensazione nel corpo prima di fare l'esercizio, perché lo scopo dell'esercizio è notare un cambiamento mentre lo svolgi.

Ecco alcune domande da porsi (potrebbe essere utile misurare su una scala da 1 a 10, dove 10 è il valore più alto):
- Quali sono i tuoi livelli di tensione?
- Quanta ansia provi?
- Quanto ti senti pesante?
- Come ti senti?

Tempo

Imposta il timer su quindici minuti, per ottenere una buona comprensione esperienziale della respirazione vagale.

Posizione

Nota: il metodo di respirazione vagale qui insegnato è una forma di manovra di Valsalva. Il metodo crea una pressione intra-addominale che può facilmente portare a un calo della pressione sanguigna e quindi a uno svenimento. Il rischio principale è di cadere, ma le persone con problemi cardiaci, a rischio di ictus o che hanno impianti di lenti intraoculari o retinopatie come il glaucoma dovrebbero consultare un medico, prima di eseguire qualsiasi manovra di Valsalva.

Come detto in precedenza, le manovre di Valsalva possono causare svenimenti. Pertanto, per questo esercizio, ti consiglio di sederti, senza utilizzare uno schienale.

Occhi

Occhi chiusi inizialmente, fino a quando non ti fai un'idea chiara del processo; quindi aprili, se vuoi.

Metodo di respirazione

Fai un respiro assolutamente completo e trattienilo, utilizzandolo per espandere bene i polmoni. Riposizionando l'addome, la colonna vertebrale, le spalle e il collo, scoprirai che puoi spostare la pressione dell'aria nei polmoni.

Gioca con la pressione nei polmoni, espandendoli per scoprire quale pressione direzionale ti fa sentire meglio al momento. Se ti fa sentire bene espanderli in questo modo per alcuni secondi e poi spostarti in un'altra direzione, e poi in un'altra ancora, va bene.

Non pensare troppo a questo processo, perché, con qualsiasi meditazione, la sensazione è la chiave per un'esperienza potente. Per chi conosce l'inglese, ecco il collegamento a un video che ho realizzato per mostrare la respirazione vagale: https://richardlhaight.com/vagal

Espandi i polmoni con la pressione del respiro, finché non ti senti bene; quindi espira in modo da sentirti altrettanto soddisfatto. Prima di fare diversi respiri rilassati di recupero così come vuoi, espira, fai una pausa e rilassati, finché non ti senti bene. Non appena ti senti pronto per farlo, prendi un altro respiro di espansione. Ripeti questo processo di respirazione per cinque minuti.

La chiave con la respirazione vagale non è nell'essere super ostinato, ma piuttosto nel prestare attenzione a ciò che ti fa stare bene in ogni fase del processo. Se la respirazione vagale viene eseguita correttamente, il che significa prestare attenzione a ciò che fa stare veramente bene, il cervello passerà dall'onda beta all'onda alfa durante il primo respiro. Con quindici minuti di pratica, la respirazione vagale dovrebbe scaricare notevolmente la tensione dal tuo corpo e creare una sensazione calda, di chiarezza e di calma.

Gestire la distrazione

Se la mente vaga, cosa altamente improbabile se ti stai godendo il processo, riporta semplicemente la consapevolezza al respiro, senza preoccuparti.

Valutazione

Con la respirazione vagale, il passaggio dalle beta alle alfa è molto facile per la maggior parte delle persone. Sebbene sia un metodo semplice, la respirazione vagale è un potente primo passo nel processo meditativo.

Hai notato quando è avvenuto il passaggio dalle beta alle alfa? Se non l'hai fatto, torna nelle onda beta in modo da poter rivivere la respirazione vagale per notare quando si verifica il cambiamento. Esistono diversi modi semplici per tornare alle beta. L'iperconcentrazione della mente per risolvere un problema, il pensiero negativo e la menzogna sono modi sicuri per stimolare un'onda beta elevata. Un altro modo semplice per tornare alle beta, per i principianti, è muovere il corpo vigorosamente, ad esempio battendo i piedi e agitando le braccia.

Una volta tornato in beta, fai di nuovo l'esercizio di respirazione vagale per notare il passaggio ad alfa. Per la maggior parte delle persone, il passaggio ad alfa avverrà durante il primo respiro appagante.

Una volta che sei in onde alfa, rifai la valutazione, rispondendo a ogni domanda con un punteggio da 1 a 10.

- Quali sono i tuoi livelli di tensione?
- Quanta ansia provi?
- Quanto ti senti oppresso?
- Quanto ti senti calmo?

Se, dopo aver fatto sei respiri vagali, non hai notato alcun chiaro cambiamento nei tuoi sentimenti, significa che sei bloccato da qualcosa che è probabilmente correlato al tuo schema di vita. Qualunque sia il problema, sicuramente influisce negativamente sulla tua salute in modi profondi. Con ogni probabilità, il tuo corpo non si sta riprendendo in modo efficiente, quando è a riposo o durante il sonno. In tal caso, potresti rimanere bloccato in beta anche durante i periodi di inattività, il che potrebbe avere effetti negativi enormi, a breve e lungo termine, sul tuo benessere fisico, mentale ed emotivo.

Correggere il blocco è della massima importanza, perché probabilmente tutto, nella tua vita, migliorerà attraverso la correzione. Se sei una delle rare persone che non è riuscita a passare ad alfa attraverso la respirazione vagale, non preoccuparti, perché più avanti nel libro discuteremo dei potenziali problemi di blocco, per aiutarti a trovare una soluzione potente e olistica.

Note finali sul passaggio ad alfa

La respirazione vagale è un modo rapido e quasi infallibile per passare dalle onde beta alle onde alfa. Detto questo, dal punto di vista TEM questo metodo di respirazione – o qualsiasi metodo di respirazione – può impedirci un certo grado di pieno coinvolgimento nella vita quotidiana attiva, perché potrebbe essere difficile parlare con qualcuno durante la respirazione vagale; quindi faremo solo un uso selettivo di questa tecnica. La respirazione vagale può, ad esempio, essere un ottimo esercizio quando ti alzi dal letto la mattina, quando sei in bagno o durante qualsiasi altro momento in cui sei inattivo, fisicamente o mentalmente. La respirazione vagale è anche un ottimo esercizio da fare se ti accorgi di essere nervoso o arrabbiato per qualcosa, perché è probabile che riesca a calmare considerevolmente il tuo sistema nervoso e, quindi, la tua mente, nel giro di pochi respiri.

Nota: non consiglio di fare respirazione vagale stando in piedi passivamente o guidando un veicolo a motore, perché potresti svenire, quando la pressione sanguigna scende durante l'espirazione.

Capitolo 4

Differenziare gli stati alfa

Dalle esplorazioni condotte nel capitolo precedente sappiamo che possiamo consapevolmente passare dallo stato stressante di onde beta alle onde alfa. Con la nostra nuova abilità, possiamo affinare il processo ottenendo una migliore percezione di ciò che accade nel cervello quando si verifica il passaggio da beta ad alfa e di cosa va a stimolare tale cambiamento. Questa consapevolezza ci fornirà maggiore flessibilità nelle nostre meditazioni.

Nel 1969 Herbert Krugman monitorò le onde cerebrali delle persone mentre guardavano la TV e scoprì che ci voleva meno di un minuto di televisione perché le onde cerebrali di una persona passassero da beta a, principalmente, alfa. Quando le persone smettevano di guardare la TV e leggevano, invece, le loro onde cerebrali tornavano principalmente alle onde beta. Krugman era interessato a fare ricerche sul cervello per massimizzare l'impatto della pubblicità. La ricerca di Krugman è ancora largamente utilizzata nel settore pubblicitario (Krugman e Hartley).

La cosa da sapere sulle alfa è che non sempre indicano consapevolezza. Sì, l'alfa è generalmente l'onda cerebrale associata alla meditazione, ma è anche l'onda cerebrale associata al sogno a occhi aperti o al guardare la TV. È auspicabile che comprendiamo come il tempo passato davanti alla TV non sia l'equivalente trasformativo del tempo trascorso in meditazione.

Ora che sappiamo che la meditazione e il guardare la TV stimolano modelli di onde cerebrali simili, è fondamentale esplorare la differenza tra l'esperienza della meditazione e quella del guardare la TV per capire come la meditazione ci influenzi in modo diverso rispetto al guardare la TV.

Come hanno dimostrato gli esperimenti di Krugman, ci vuole meno di un minuto perché le onde cerebrali di una persona passino da beta ad alfa, quando si siede a guardare la TV; quindi saremo consapevoli di questo fatto e condurremo il nostro esperimento per cinque minuti, in modo da aumentare le possibilità che tu effettui con successo il passaggio da beta ad alfa e viceversa durante l'esercizio.

Lo scopo dell'esperimento sarà quello di distinguere uno stato alfa cosciente e meditativo dallo stato alfa inconscio del guardare la TV, poiché sono abbastanza diversi dal punto di vista esperienziale.

Esperimento alfa inconscio

Per questo esperimento, utilizzo i termini *conscio* e *inconscio* per differenziare due stati distinti di alfa. Per conscio non intendo solo la tua mente quotidiana sveglia, e per inconscio non intendo stati simili al sonno o al coma. Invece, uso il termine *conscio* per indicare una percezione altamente consapevole e *inconscio* per indicare uno stato mentale sveglio ma disattento, apatico e meccanico.

Questo esperimento si concentrerà sull'osservazione della differenza tra gli stati d'onda alfa del guardare la TV e lo stato d'onda alfa raggiunto attraverso la meditazione. L'alfa cosciente della meditazione è compatibile con ciò che si ottiene attraverso la respirazione vagale; quindi, poiché abbiamo già imparato la respirazione vagale, la useremo come mezzo per passare all'alfa cosciente durante questo esercizio.

Per avere un esperimento di successo, dobbiamo prima essere sicuri di iniziare in uno stato di onda beta. Per entrare in uno stato di onde beta, possiamo fare alcuni calcoli mentali, che forniscono quasi la garanzia che il cervello emetta una forte onda beta. Una volta che saremo chiaramente in beta, guarderemo la TV per spostare il cervello in onde alfa.

Per guardare la TV, useremo un timer impostato su cinque minuti. Assicurati di preparare il video che intendi guardare prima di condurre l'esperimento, in modo che tutto ciò che dovrai fare sia premere il pulsante "play" per avviarlo. Consiglio di guardare un video che ti piace ma non del genere action, suspense o horror, poiché è probabile che ti inneschi stress e ti mantenga in onde beta.

Naturalmente non vogliamo entrare in uno stato alfa cosciente; è quindi saggio evitare di guardare un video relativo alla meditazione.

Ecco i passaggi per l'esperimento:

1. Imposta un timer di cinque minuti.
2. Batti i piedi, agita le braccia e fai alcuni calcoli mentali per assicurarti che il tuo cervello emetta onde beta. Esegui mentalmente questi calcoli per assicurarti che il tuo cervello emetta onde beta. In realtà non importa se ottieni o meno la risposta corretta, ma è importante che tu faccia il lavoro mentale per ricavare qualunque risposta ti venga in mente, perché lo sforzo ti metterà in onde beta.
   - 11 x 9 =
   - 72 - 23 =
   - 7 + 15 - 3 =
3. Una volta completati i calcoli, prendi nota di come ti senti.
4. Avvia il timer e inizia a guardare il video.
5. Quando suona il timer, prendi nota della differenza tra come si sente il tuo corpo dopo aver visto il video per cinque minuti rispetto a come ti sei sentito dopo aver fatto i calcoli mentali.
6. Se non sei sicuro del cambiamento di sensazione, ripeti l'esperimento finché non noti la differenza.

In generale, noterai che, quando il cervello emette onde alfa, il corpo è più rilassato rispetto a quando è in beta, che è uno stato un po' di tensione, orientato verso un obiettivo.

Come ho affermato in precedenza, anche se guardare il video ci mette in onde alfa, questo stato di rilassamento indotto non è lo stesso di quello della meditazione, perché quando guardiamo un video non siamo consapevoli. Siamo, invece, in uno stato assorto, simile a quello del sogno, che esploreremo in modo più approfondito nel prossimo capitolo.

Proviamo ora il prossimo esperimento, che ha lo scopo di darci un parametro con alfa cosciente.

Esperimento alfa conscio

Come abbiamo affermato in precedenza, il passaggio da beta ad alfa generalmente richiede meno di un minuto, per una persona normale, quando guarda la TV o medita.

Eseguiremo di nuovo lo stesso esperimento per confrontare la sensazione di beta con la sensazione di alfa; ma, questa volta, invece di guardare la TV, praticheremo la respirazione vagale come abbiamo fatto nel capitolo precedente.

Ecco i passaggi per l'esperimento:

1. Imposta un timer di cinque minuti.
2. Muovi vigorosamente il tuo corpo e fai mentalmente questi calcoli per mettere il tuo cervello in uno stato di onde beta.
   - 12 x 8 =
   - 71 - 21 =
   - 3 + 5 - 7 =
3. Prendi nota di come ti senti subito dopo aver fatto i calcoli.
4. Avvia il timer e inizia la respirazione vagale.
5. Quando suona il timer, prendi nota della differenza tra la tua sensazione corporea dopo una respirazione vagale di cinque minuti e quella avvertita dopo aver eseguito i movimenti vigorosi e i calcoli mentali.
6. Se non sei sicuro del cambiamento di sensazione, ripeti l'esperimento finché non noti la differenza.

Durante il passaggio sia inconscio (visione di video) che conscio (respirazione vagale) alle onde alfa, si è verificato certamente un cambiamento di sensazione. La chiave è essere consapevoli della differenza tra la sensazione alfa conscia e inconscia. In generale, uno stato alfa cosciente ti farà sentire rilassato, aperto e consapevole.

Se non hai notato la differenza tra la visione di video e la stimolazione vagale, ripeti l'esperimento alcune volte, fino a cogliere la differenza. Potrebbero essere necessari alcuni tentativi prima che te ne accorga: continua a farlo.

Quando noti la differenza tra alfa conscio e alfa inconscio, allora sei riuscito a intravedere per la prima volta cos'è la meditazione. La chiave della meditazione è la sensazione cosciente, ovvero la consapevolezza, e, una volta che lo sai, non sei più limitato a una forma di meditazione prestabilita.

Considerazioni finali sugli stati di onde alfa vs onde beta

Per le persone moderne nei paesi sviluppati, oltre il 90% del tempo di veglia viene trascorso in uno stato di onde beta, perché pensiamo e ci concentriamo moltissimo. L'onda beta è un'onda cerebrale generante stress a cui siamo stati abituati dal nostro mondo moderno, sicuro e orientato all'obiettivo, fatto di quadrati, angoli e bordi. Nel nostro mondo moderno, l'attenzione esclusiva è incoraggiata attraverso la lettura e il pensiero costante. Poiché in giro non ci sono tigri che potrebbero mangiarci, la consapevolezza non è richiesta. Il risultato è che, sebbene conduciamo una vita più sicura rispetto ai cacciatori-raccoglitori, al loro confronto siamo molto ansiosi.

I cacciatori-raccoglitori trascorrono la maggior parte del loro tempo in uno stato di onde alfa, perché la consapevolezza è vitale per la loro sopravvivenza. Capiscono che la mente concentrata ha molti limiti nel rilevare i cambiamenti impercettibili e i movimenti nell'ambiente. Sanno che la consapevolezza dei cambiamenti impercettibili e dei movimenti è il mezzo con il quale si hanno le maggiori possibilità di successo, quando si deve cacciare per il cibo senza perdersi, farsi mordere da un serpente, essere mangiati da un predatore o cadere da un dirupo. Quella impercettibile consapevolezza è radicata in uno stato alfa cosciente duraturo.

Gran parte del motivo per cui noi, nel mondo moderno, siamo così inclini a stress, frustrazione, ansia, depressione, egocentrismo e sentimenti di solitudine è che i nostri stili di vita tendono a essere scollegati dai ritmi e dalle esigenze della natura, e questo stile di vita fuori sincronia ha generato modello neurale profondamente malsano.

Ora che sappiamo del nostro deficit, possiamo iniziare a fare le correzioni necessarie nella nostra vita, con l'intenzione di essere ogni giorno in stati alfa coscienti, anche se solo per brevi periodi.

Capitolo 5

Il paradosso della consapevolezza

Ora che siamo consapevoli della differenza tra alfa coscio e alfa inconscio, il passo successivo è isolare i principi vitali della meditazione, in modo che possiamo liberarci dai limiti delle meditazioni basate sulla concentrazione.

In questo capitolo, condurremo alcuni esperimenti su noi stessi che riveleranno il paradosso della consapevolezza: un principio che libera la nostra pratica, permettendoci di meditare con gli occhi aperti e, con un po' di pratica, mentre siamo in movimento.

Tutte le meditazioni di concentrazione mirano a concentrarsi su un punto, escludendo ogni altra consapevolezza. Il punto di focalizzazione potrebbe essere praticamente qualsiasi cosa, ma per il nostro punto focale useremo la fiamma di candela o un punto fisso sul muro.

Esperimento di focalizzazione su punto fisso

L'intenzione di questo esperimento è di focalizzare totalmente la nostra visione sulla fiamma di una candela, un unico punto sul muro o un punto fisso a scelta, fino a escludere tutto il resto per un periodo prolungato.

Condurremo il nostro esperimento almeno due volte. La prima volta che esegui l'esercizio di focalizzazione su punto fisso, imposta un timer di cinque minuti.

Mentre sei seduto comodamente di fronte a un muro – o a un tavolo, per il metodo della candela – seleziona un punto fisso sul muro diversi metri davanti a te, oppure accendi una candela e posizionala sul tavolo a pochi metri davanti a te. Avvia il timer e inizia a fissare la candela o il punto fisso sul muro.

L'obiettivo è fare del tuo meglio per vedere solo il punto fisso o la fiamma della candela e nient'altro, facendo attenzione a non socchiudere gli occhi nel tentativo di evitare di vedere il quadro più grande. Prima di continuare a leggere, ti prego di fare l'esperimento.

Allora, che cosa hai notato?

La maggior parte delle persone, quando pongo questa domanda, afferma di essere diventata più calma durante questo esperimento. Non preoccuparti minimamente se invece sei diventato ansioso o non hai provato calma durante l'esperimento, perché non è questo il suo scopo principale.

Ciò che questo esercizio dimostra davvero è che non puoi fare a meno di vedere l'intero campo visivo periferico, quando sei consapevole e i tuoi occhi sono aperti. Il paradosso è che il solo tentativo di escludere la consapevolezza sensoriale significa che sei consciamente consapevole, e un individuo cosciente non può fare a meno di essere consapevole dell'intero campo visivo.

Durante il tuo primo tentativo, potresti non esserti reso conto che, mentre cercavi di non vedere l'intero campo visivo, lo stavi effettivamente vedendo. Non ti preoccupare minimamente, se non hai notato il paradosso durante il primo esperimento. Per chiarire la questione, eseguiremo di nuovo lo stesso esperimento, ma questa volta utilizzeremo un cronometro anziché un timer.

Avvia il cronometro, inizia a fissare il punto o la fiamma fino a escludere tutto e osserva quanto tempo ti occorre prima di poter notare che non puoi escludere il campo visivo totale.

Idealmente, avrai notato subito che non puoi non vedere l'intero campo visivo. Più o meno come quando qualcuno ti dice di non pensare alle scimmie viola e sei quasi certo di pensare a loro: non puoi fare a meno di vedere l'intero campo visivo mentre cerchi di non vederlo. Questo punto potrebbe, a prima vista, sembrare banale, ma presto ti accorgerai che è il segreto non detto di una meditazione potente, flessibile, libera.

La meditazione del guerriero

Come funziona il principio?

Pensa a tutte le volte in cui hai letto un libro, ma hai pensato di non vedere nulla oltre i suoi bordi o la frase specifica che stavi leggendo. Oppure, se non sei un lettore, pensa a tutte le volte che hai guardato un film e non hai notato nulla al di là dello schermo. La verità è che in effetti hai visto, ma non ricordi. Permettimi di spiegare.

I tuoi occhi vedono tutto ciò che entra nel tuo campo visivo all'interno dello spettro della luce visibile, il che comprende l'intero schermo del film o il libro, più tutto ciò che è al di fuori dei bordi di quei mezzi ma all'interno della capacità visiva potenziale dei tuoi occhi. Semplicemente, non ricordi cosa hanno visto i tuoi occhi.

Puoi verificare quello che sto dicendo usando questo libro. Durante la lettura di questa frase, scegli semplicemente di non vedere nulla oltre i bordi del libro. Assicurati di non imbrogliare spostando il viso così vicino al testo del libro da non poter fisicamente vedere oltre i bordi anche con la visione periferica. Mentre leggi, noterai che non puoi fare a meno di vedere oltre il libro.

Riuscivi a capire il testo che stavi leggendo? Alcuni di voi potrebbero essere sorpresi di non riuscire a capire il testo, quando si è consapevoli di ciò che sta accadendo nella stanza oltre il testo. Dopo aver praticato la Meditazione del Guerriero per un periodo sufficiente, potresti scoprire che, con un po' di pratica, non è così difficile leggere mentre si è consapevoli dello spazio.

In che modo questo esperimento si collega alla meditazione?

L'esperimento dimostra la differenza tra quando siamo consapevoli e quando non lo siamo. Quando siamo consapevoli, non possiamo fare a meno di percepire ciò che entra dentro di noi attraverso i nostri sensi. Solo quando siamo in uno stato onirico semi-inconscio – che può includere guardare film, leggere libri, essere assorbiti nelle nostre narrazioni interiori, proiezioni mentali del futuro o del passato, o qualsiasi altro mezzo di distrazione dalla consapevolezza presente – siamo incapaci di ricordare o utilizzare le informazioni al di fuori dell'obiettivo del nostro focus, anche se i nostri sensi stanno assorbendo quell'informazione extra.

Possiamo iniziare a districare il mistero della percezione osservando i due emisferi del cervello e il modo in cui funzionano per fornire due percezioni uguali, ma distinte, della realtà. Il novanta per cento della popolazione è destrorso e, per questi individui, l'emisfero sinistro è un cervello che elabora in serie, mentre l'emisfero destro è un cervello che elabora in parallelo. Per la mia spiegazione degli emisferi mi avvarrò della persona comune come esempio, tenendo presente che, per alcuni individui, gli emisferi sono effettivamente invertiti (gli individui mancini sono buoni esempi di come le funzioni degli emisferi possano essere invertite).

Per il novanta percento della popolazione destrorsa, il senso del sé e del tempo, la mente logica, le capacità linguistiche e il loro accesso a conoscenze specifiche si trovano principalmente nell'emisfero sinistro, che è il cervello dell'elaborazione seriale; la loro consapevolezza spaziale, creatività, consapevolezza corporea, eccetera, si trovano, invece, principalmente nell'emisfero destro, il cervello dell'elaborazione parallela.

Il processore seriale (emisfero sinistro) può elaborare solo un'azione cosciente alla volta, il che è un grande limite. Il punto di forza del processore seriale è che è bravo a concentrarsi per ottenere una percezione molto dettagliata dell'oggetto scelto. La concentrazione, talento primario del processore seriale, è necessaria per la sopravvivenza umana, ma prosciuga energia e crea stress al corpo. Ciò che manca all'emisfero dell'elaborazione seriale è la consapevolezza contestuale di qualsiasi cosa al di fuori del punto di focalizzazione.

I samurai capirono che la concentrazione e il pensiero sono processi ad alta intensità energetica che causano tempi più lenti di risposta al combattimento. Il samurai considerava il pensiero una funzione della "mente". Attraverso l'addestramento mirato a una sempre maggiore efficienza, i samurai scoprirono di poter accedere a uno stato di "non mente" che sul campo di battaglia era molto più efficiente; fecero quindi uno sforzo speciale per ottenere un accesso più consapevole alla "non mente", con l'obiettivo di essere finalmente in grado di accedere inconsciamente ai punti di forza della "non mente".

A quanto pare, si stavano addestrando per accedere strategicamente ai poteri dell'elaborazione parallela (emisfero destro). Il processore parallelo può elaborare più informazioni contemporaneamente a velocità molto più elevate rispetto al processore seriale, ma con una definizione inferiore.

Sebbene i samurai sapessero come accedere consapevolmente al processore parallelo attraverso la meditazione, è improbabile che sapessero quale parte del cervello stesse effettivamente facendo il lavoro, cosa che invece ora sappiamo. Ovviamente, per ottenere le funzionalità apprezzate dai samurai non era necessario sapere quale parte del cervello stesse facendo il lavoro.

È possibile che i mancini siano tentati di pensare che accedono all'emisfero di elaborazione parallela più dei destrorsi, ma, come ho detto prima, gli emisferi possono essere invertiti; quindi un mancino, di solito, accede all'elaborazione seriale, alla mente pensante e al senso di sé proprio come fanno i destrorsi.

Questa strutturazione comporta che, se non siamo addestrati, indipendentemente dal fatto che siamo mancini o destrorsi, la nostra esperienza quotidiana è dominata dall'emisfero pensante e generante il senso di sé, indipendentemente dalla sua posizione nel nostro cranio. Sappiamo che questo è vero perché il fatto di essere mancini non solleva gli individui dal senso di sé, né dà loro alcun vantaggio riguardo al movimento o alla meditazione.

Ora che abbiamo acquisito familiarità con l'emisfero dell'elaborazione seriale, esploriamo in modo più approfondito l'emisfero dell'elaborazione parallela. Come ho affermato, il processore parallelo, a differenza del processore seriale, elabora più di una cosa alla volta, ma a velocità molto maggiore e con una risoluzione inferiore rispetto al processore seriale.

In generale, il processore parallelo funziona come sistema di avvertimento sensoriale, poiché monitora costantemente le informazioni che arrivano attraverso i sensi, anche se, nei periodi quotidiani di veglia, la nostra finestra di percezione non è sempre consapevole di tutte quelle informazioni.

Il processore parallelo non percepisce linearmente, come fa invece il processore seriale. Decodifica le informazioni molto più rapidamente ma in modi astratti ricchi di significato. Le percezioni del cervello che elabora in parallelo sono molto difficili da comprendere per il cervello del processore seriale.

Il processore parallelo, tra le altre cose, governa la consapevolezza del corpo e il movimento corporeo. Gli stati di sogno e di sonno sono esempi di percezioni tortuose, auto-distorte e non lineari dell'emisfero di elaborazione parallela.

Ciò che l'élite dei samurai scoprì fu che poteva, attraverso l'addestramento alla consapevolezza cosciente, sintonizzarsi più facilmente sul processore parallelo, in modo da poter utilizzare le sue informazioni a una velocità ben superiore a quella della mente pensante, migliorando la consapevolezza, la qualità del movimento e l'efficienza.

Sebbene l'elite dei samurai fosse probabilmente motivata dalla necessità di una maggiore efficienza sul campo di battaglia, il suo addestramento aprì una via di comunicazione tra la mente conscia e quella subconscia e, così facendo, non solo aumentò la consapevolezza e l'abilità nelle arti marziali, ma anche la qualità della vita. Molti di quei samurai divennero noti come "santi della spada", per le loro capacità di gran lunga superiori rispetto alla media dei samurai dell'antico Giappone. Kamiizumi Ise no Kami, il fondatore di Shinkage-ryu, era ampiamente considerato un santo della spada.

In un certo senso, l'esperimento del focus sul punto fisso mostra che, in effetti, la consapevolezza non può fare a meno di essere consapevole, poiché non ha la capacità di escludere le informazioni. Quando focalizziamo la nostra mente mentre tentiamo intenzionalmente di escludere le informazioni, la nostra stessa intenzione consente a entrambi gli emisferi di coordinare e condividere le informazioni con la nostra finestra di percezione. La quantità di ritorno informativo che abbiamo dipende in gran parte dalla pratica.

Questo metodo di focalizzazione comporta un solo grosso problema: scoprirai che una concentrazione così intensa stanca rapidamente il cervello. Per un guerriero, l'efficienza energetica è di vitale importanza; quindi nella TEM prendiamo un'altra strada, che esploreremo nei capitoli a venire.

Parte II

Portali di meditazione naturale

Come abbiamo sperimentato con il paradosso della consapevolezza, la concentrazione offre un mezzo attraverso il quale possiamo diventare consapevoli di qualcosa di più, se ci rendiamo conto di questo fatto. Una volta che siamo così consapevoli, la concentrazione esclusiva non è più necessaria. La semplice conoscenza del paradosso è liberatoria, perché non abbiamo più bisogno di concentrarci sul respiro, su un certo punto del corpo, su un mantra, su una singola parola o su una qualsiasi cosa in particolare.

La semplice consapevolezza che non possiamo escludere consapevolmente le informazioni dei sensi apre opzioni nuove e più flessibili con le nostre meditazioni, permettendoci di usare i nostri sensi come mezzo di trasformazione interiore e per una migliore vitalità fisica, mentale ed emotiva.

Dotati della conoscenza del paradosso della consapevolezza, possiamo iniziare a esplorare ciò che i sensi hanno da offrire. E se ci fosse un modo di usare i sensi che portasse a uno straordinario stato di chiarezza meditativa? Un percorso di meditazione attraverso i sensi ci libererebbe dalla necessità di concentrarci, dalla necessità di sederci e dalla necessità di ritirarci dal mondo. Per meditare non avremmo più bisogno di creare una situazione esterna ideale priva di distrazioni.

Il segreto, ho scoperto, è cambiare il modo in cui usiamo i nostri sensi. Con la TEM, come regola generale, non focalizziamo la nostra attenzione sull'esclusione, ma apriamo invece la consapevolezza in tutte le direzioni attraverso tutti i sensi.

Contrariamente a quanto sembrerebbe logico, l'apertura di tutti i sensi senza pregiudizi permette una straordinaria consapevolezza sia dell'interno che dell'esterno, che apporta un senso di connessione con tutta la vita, perché il nostro senso di propriocezione (il senso di dove il nostro corpo inizia e finisce nello spazio) non è più troppo rigido. Al contrario, in qualche modo sembra permeabile. Questa sensazione di apertura si traduce in una maggiore calma e chiarezza. L'apertura dei sensi a una consapevolezza più ampia cambia il cervello, creando una maggiore flessibilità percettiva, una maggiore comprensione e una salute migliore di quella che avremmo altrimenti. Contrariamente a quanto sembrerebbe logico, quando il senso della propriocezione diventa trasparente, la qualità del nostro movimento migliora.

Nella Parte II, esploreremo ciascun senso individualmente per acquisire una maggiore consapevolezza di come ognuno possa essere usato come portale meditativo.

Capitolo 6

Vista cosciente

Potrà sorprendere che la scienza non abbia ancora una teoria accreditata su come funziona la vista. Sebbene sappiamo molto su come funziona la visione, alcuni aspetti della percezione visiva rimangono misteriosi.

Il mistero della relativo alla visione è che l'occhio non è effettivamente in grado di produrre immagini di qualità sufficientemente elevata, tali da permettere a un essere umano di muoversi nel mondo basandosi sulle informazioni fornite dall'occhio. La conclusione comunemente accettata è che il cervello compensi la mancanza di informazioni riempiendo le lacune informative con i contenuti della memoria ad esse relativi.

Secondo questa teoria, gran parte di ciò che pensiamo sia una visione è in realtà un'ipotesi biologica. Se la teoria fosse corretta, spiegherebbe le molte illusioni visive che noi esseri umani siamo inclini a sperimentare.

Se non hai familiarità con le illusioni visive, fai una rapida ricerca su Internet per "Illusione ottica", per avere un'idea di cosa intendo con il termine.

Quello che sappiamo finora è che la percezione visiva è il risultato della ricezione, da parte dell'occhio, della luce, nello spettro del visibile, che si riflette sugli oggetti. L'occhio invia segnali elettrici al cervello, che interpreta i segnali per creare le immagini dell'ambiente che vediamo nella nostra mente.

Nell'occhio umano, la luce entra attraverso la cornea e viene quindi focalizzata da questa lente su una membrana sensibile alla luce, la retina, nella parte posteriore dell'occhio. La retina contiene cellule fotorecettive chiamate bastoncelli, che rilevano le sfumature, e coni, che rilevano il colore. Bastoncelli e coni convertono i fotoni (particelle di luce) in segnali elettrici. I segnali elettrici vengono trasmessi dal nervo ottico a vari punti del cervello (tra questi, i gangli centrali, la corteccia visiva e il colliculo superiore), dove vengono poi interpretati e completati con l'associazione esperienziale: la memoria.

Per i nostri scopi di meditazione, ciò che dobbiamo sapere sulla visione è che può essere divisa in due tipi: visione foveale e visione periferica.

La visione foveale è la percezione ad alta definizione e ricca di colori che arriva direttamente lungo la linea di vista focalizzata. La visione foveale è il tipo di visione che gli esseri umani moderni utilizzano in modo quasi esclusivo. Quando leggi, fai affidamento sulla visione foveale.

La visione periferica è il campo della percezione visiva che si trova appena al di fuori della linea di vista. Noterai che la visione periferica è una visione a bassa definizione, non sensibile al colore. Il vantaggio della visione periferica è che è invece altamente sensibile alle ombre e al movimento, il che la rende utile come strumento di consapevolezza. I cacciatori-raccoglitori trascorrono la maggior parte della loro vita quotidiana attiva prestando attenzione alla visione periferica.

Esercizio per la visione periferica

Come sappiamo dal paradosso della consapevolezza, quando cerchiamo di escludere informazioni dalla nostra consapevolezza visiva, il tentativo stesso garantisce che non possiamo escludere quell'informazione. Concentrarsi nel tentativo di escludere le informazioni è ovviamente faticoso, in termini di energia; quindi è saggio trovare un modo più efficace. La soluzione consiste semplicemente nel prestare attenzione a tutto il campo visivo sin dall'inizio. Quindi, per i nostri scopi di meditazione, in questo capitolo, indirizzeremo consapevolmente l'attenzione all'intero campo visivo, senza alcun tentativo di focalizzarci o di escludere informazioni.

Orario

Imposta un timer di 15 minuti. Anche se il cervello di una persona normale passerà ad alfa dopo solo un minuto di visione periferica, praticarla per 15 minuti ti consentirà di acquisire una comprensione esperienziale molto maggiore dei cambiamenti progressivi che si verificheranno dentro di te a seguito della visione periferica.

Posizione

Siedi comodamente in un luogo tranquillo, dove non verrai disturbato. Questo esercizio può essere praticato facilmente sia all'interno che all'esterno.

Scopo

Il nostro obiettivo, con questo esercizio, è utilizzare il campo visivo periferico per accedere consapevolmente al processore parallelo attraverso un'onda cerebrale alfa. Fare ciò non solo ci renderà più consapevoli, ma allevierà anche lo stress e ci apporterà una calma serenità. Ti sarà utile prendere nota di come ti senti prima di fare questo esercizio. Mentre lo esegui, assicurati anche di notare quando si verifica il passaggio ad alfa e come ti senti, una volta che l'avrai completato.

Occhi

Guarda dritto davanti a te e osserva l'intero campo visivo. La persona media può vedere a quasi 200 gradi in orizzontale e a circa 100 gradi in verticale, avendo un campo visivo a forma di "binocolo". Come affermato in precedenza, la risoluzione visiva più alta sarà al centro del campo visivo, dove sono presenti colori e dettagli completi. Se focalizziamo la nostra attenzione sul centro del campo visivo, si parla di visione foveale.

Per quanto sappiamo, dal paradosso della consapevolezza, che concentrarsi sulla visione foveale con l'intenzione di escludere informazioni può portarci in uno stato di consapevolezza cosciente, se vogliamo risparmiare energia, dobbiamo usare un metodo diverso con i nostri occhi.

Quello che vogliamo fare è mantenere la nostra attenzione sui bordi esterni del nostro campo visivo, in quella che si chiama "visione periferica". La visione periferica è a bassa risoluzione e scarsamente colorata, ma è più sensibile alle ombre e al movimento. Prestare attenzione alla visione periferica ti darà un accesso più consapevole al cervello dell'elaborazione parallela, un trucco che fu scoperto dai samurai.

L'osservazione delle stelle fornisce un buon esempio della forza della visione periferica. La maggiore sensibilità al movimento della visione periferica ci aiuta a rilevare con la coda dell'occhio il debole scintillio delle stelle. Sembra strano, ma quando proviamo a concentrarci su una stella debole, ci è più difficile vederla.

Il campo visivo periferico fornisce costantemente informazioni al cervello, sebbene la maggior parte di noi ne sia inconsapevole. Poiché siamo così concentrati sulla visione foveale, cercando di ottenere informazioni specifiche, in genere non siamo consapevoli di questo campo nella sua interezza. L'attenzione selettiva blocca efficacemente la memoria accessibile delle informazioni visive periferiche che non vengono impiegate nella nostra attività corrente. Ad esempio, quando guardi un film in un cinema, probabilmente sei consapevole solo del contenuto presente sullo schermo, ma non ti accorgi di cos'altro sta accadendo nel locale, davanti allo schermo.

Mi riferisco alla visione di film come a un'attività inconscia, perché mentre guardiamo un film tendiamo a mancare della consapevolezza della nostra presenza. La TEM mira alla consapevolezza spaziale e del momento presente. Naturalmente, potremmo divertirci a lasciarci assorbire dalla storia di un film, il che di tanto in tanto va bene, purché la visione foveale non sia il nostro sistema abituale di percezione.

Una volta che ti sei abituato alla visione dell'intero campo visivo periferico, trascorri il tempo restante rilassandoti profondamente nell'esperienza e apprezzando le sensazioni che sorgono durante la visione periferica. Potresti notare, come risultato del rilassamento profondo nella consapevolezza della visione periferica, che il senso del colore, del tempo e dello spazio può essere in qualche modo alterato. Potremmo anche sentirci come se fossimo un po' euforici.

Sebbene queste esperienze possano essere abbastanza piacevoli per molte persone, non sono però lo scopo di questa meditazione. Lo scopo di questa pratica, come di qualsiasi meditazione TEM, è invece quello di acquisire un maggiore senso di consapevolezza contestuale nella nostra vita, in modo che questa entri più in sincronia con l'intera realtà.

Poiché utilizziamo gli occhi quasi costantemente per tutta la nostra vita quotidiana attiva, sviluppare una consapevolezza del campo visivo totale che sia una nostra seconda natura è incredibilmente utile, poiché quella vasta consapevolezza ti renderà altamente cosciente e ti impedirà di trovarti quasi costantemente in uno stato di onde beta, fuori sincronia. Man mano che pratichi, ti accorgerai di essere meno stressato durante il giorno, meno turbato dall'incertezza. Più pratichi, più emergerai dalle emozioni negative. Il potere della consapevolezza visiva cosciente non deve essere sottovalutato.

Capitolo 7

Udito cosciente

Grazie all'esercizio della visione periferica, sai che prestare attenzione all'intero campo visivo può trasformare la vista in un potente portale di meditazione. Sarai forse sorpreso di scoprire che anche l'udito può essere utilizzato in un modo simile.

Quello che chiamiamo "udito" funziona, in realtà, in modo molto diverso da come potremmo pensare. Le onde sonore entrano nell'orecchio esterno e viaggiano attraverso il condotto uditivo fino al timpano, che vibra grazie alle onde sonore. Le vibrazioni colpiscono tre piccole ossa dell'orecchio medio, chiamate martello, incudine e staffa.

Le tre ossa amplificano le vibrazioni sonore e le inviano alla coclea, una struttura piena di fluido, a forma di chiocciola, posta nell'orecchio interno. All'interno della coclea, una partizione elastica chiamata "membrana basilare" divide la coclea in una parte superiore e in una inferiore. La membrana basilare è la base su cui poggiano le strutture uditive più importanti.

Quando le vibrazioni all'interno della coclea provocano l'ondulazione del fluido, un'onda viaggia lungo la membrana basilare, dove le cellule sensoriali ciliate sulla parte superiore della membrana basilare vengono mosse dall'onda. Il tono del suono viene rilevato in base alla posizione delle cellule ciliate sulla membrana. Le cellule nella parte inferiore della coclea rilevano i suoni di tonalità più alta, mentre le cellule nella parte superiore della coclea, a forma di chiocciola, rilevano i suoni di tonalità più bassa.

Quando le cellule ciliate vengono mosse dall'onda, le proiezioni microscopiche, simili a capelli, nella parte superiore delle cellule ciliate urtano contro la struttura della coclea e si piegano, il che fa aprire i canali sulle punte delle cellule ciliate. I prodotti chimici si precipitano nelle aperture delle cellule, che creano segnali elettrici. Il nervo uditivo trasporta questi segnali al cervello. Dopo aver ricevuto i segnali elettrici, il cervello produce suoni che riconosciamo grazie ai ricordi ad essi associati.

In sostanza, quello che chiamiamo "udito" è in realtà più simile a un'illusione creata dal cervello quando viene stimolato da segnali elettrici provenienti dal nervo uditivo. Pensa a tutti i film che hai visto. Gli effetti sonori sono stati probabilmente prodotti da cose diverse da ciò che vedi sullo schermo. Nei vecchi film, ad esempio, i passi dei cavalli potrebbero essere stati fatti sbattendo insieme le due metà di una noce di cocco vuota. Sentendo lo schiocco, il tuo cervello presume che sia un cavallo che cammina sull'asfalto. Anche se non avessi saputo che si trattava di un film di cavalli e non fossi stato in grado di vedere alcun video, solo sentendo le due metà del cocco che sbattevano insieme, il tuo cervello probabilmente avrebbe evocato l'immagine di un cavallo, per adattarla al suono.

Tutti i sensi fanno affidamento sul fatto che il cervello fornisce le informazioni mancanti tramite i ricordi di un'esperienza associata. Senza l'esperienza associata, non saremmo in grado di utilizzare le informazioni raccolte dai sensi.

Udito cosciente

Grazie alla nostra raffinata comprensione del processo uditivo, possiamo iniziare a usare tale senso come un portale per la meditazione. Per i nostri scopi meditativi, non faremo affidamento sul sistema di identificazione illusorio che il cervello utilizza per trasmetterci informazioni. Ascolteremo semplicemente tutti i suoni, invece, senza alcun tentativo di identificarli o capirli.

Ci apriremo ai suoni, rimuovendo il maggior numero possibile di pregiudizi mentali. Poiché l'essere umano ha occhi rivolti in avanti simili a quelli dei predatori, mentre le nostre orecchie non sono mobili come quelle di molti altri animali, siamo sintonizzati per notare più intensamente il suono in primo piano. Le nostre orecchie sono molto limitate nel captare i suoni sopra, sotto o dietro la testa. A causa della struttura fisica del cranio e delle orecchie, il nostro cervello tende a essere disattento nel caso di queste direzioni poco sensibili al suono. Quindi, per il nostro esercizio, ascolteremo intenzionalmente in ogni direzione, anche se le nostre orecchie non riescono a captare bene il suono proveniente da alcune di queste. Non tenteremo, inoltre, di identificare suoni particolari, poiché questo ci porterebbe in uno stato di onde beta, che è contrario alla meditazione.

Il processo di ascolto cosciente è il seguente:

Tempo

Due sessioni di cinque minuti.

Posizione

Stai in piedi o siediti comodamente in un luogo dove non dovresti venire distratto con facilità.

Occhi

Occhi chiusi la prima volta che pratichi e aperti la seconda volta.

Processo

Imposta un timer di cinque minuti, chiudi gli occhi e rilassa il corpo il più possibile, ascoltando attentamente i suoni che provengono da tutte le direzioni, vicine e lontane. Non tentare di identificarne nessuno. Fatti invece assorbire nella sensazione del suono. Se ti rilassi con questo esercizio, scoprirai che, in meno di un minuto, sarai in uno stato di meditazione fortemente consapevole.

Se scopri di essere attratto o infastidito da un suono specifico, vuol dire che è attivato l'emisfero rumoroso dell'elaborazione seriale e che non sei più in uno stato meditativo. Quindi, per rimanere in uno stato meditativo, accettiamo semplicemente tutti i suoni senza pregiudizi e senza alcun tentativo di identificarli. Ovviamente, se c'è un suono abbastanza forte da danneggiare il timpano, fai tutto il possibile per proteggerti le orecchie.

Una volta che il timer si spegne, riavvialo e rifai la meditazione, questa volta con gli occhi aperti. All'inizio, la tua attenzione potrebbe essere tentata dalle cose presenti nel tuo campo visivo, ma, in tal caso, continua a riportare la tua attenzione al campo uditivo totale. In breve tempo, la mente si acquieterà e ti ritroverai in un vibrante stato di meditazione.

Considerazioni finali sull'udito cosciente

L'orecchio gioca un ruolo fondamentale nel nostro senso dell'equilibrio. Nell'orecchio, appena sopra la coclea, ci sono tre piccoli condotti pieni di liquido chiamati "canali semicircolari". Ciascuno di questi condotti rileva un diverso tipo di movimento: rispettivamente movimenti su e giù, da lato a lato e inclinati.

Ogni condotto contiene migliaia di microscopici peli sensoriali. Quando muoviamo la testa, il fluido nei canali semicircolari si sposta, incurvando i peli. La curvatura crea un segnale elettrico che trasmette al nostro cervello il tipo di movimento che stiamo facendo.

Ugualmente collegate ai canali e alla coclea, due sacche trasmettono informazioni su come si muove la testa in relazione alla gravità e all'accelerazione. Grazie a queste strutture, sappiamo quando ci stiamo muovendo su o giù in elevazione e se siamo in piedi o sdraiati.

Praticando l'udito cosciente per un lungo periodo di tempo, potresti scoprire che, in generale, il tuo senso dell'equilibrio e la qualità del tuo movimento migliorano. Quando insegnavo alle scuole medie in Giappone, ebbi un terribile caso di acufene, un ronzio nelle orecchie. A volte il suono diventava così forte che non riuscivo a sentire cosa dicevano le persone intorno a me. L'acufene è una malattia per la quale la comunità medica dispone di trattamenti per ridurre i sintomi, ma per la quale non ha cura. La pratica della Meditazione del Guerriero, combinata con la respirazione vagale, la guarì completamente in pochi mesi.

Capitolo 8

Olfatto cosciente

Il senso dell'olfatto è un senso molto sottovalutato al quale, nel mondo moderno, tendiamo a prestare poca attenzione cosciente. Per i cacciatori-raccoglitori di tutto il mondo, l'olfatto è ovviamente considerato un elemento vitale per quasi tutte le attività della vita.

In realtà, l'olfatto è molto più potente di quanto potresti aver mai pensato. Secondo una ricerca della Rockefeller University pubblicata sulla rivista *Science*, il naso umano può rilevare almeno mille miliardi di profumi diversi. Per quanto riguarda i primi due sensi, gli esseri umani possono invece discriminare solo tra diversi milioni di colori diversi e tra circa mezzo milione di diversi toni udibili (Bushdid et al.).

Gli esseri umani moderni hanno per lo più completamente perso il contatto con l'olfatto, perché lo ritengono di scarsa necessità per la sopravvivenza nelle nostre società altamente isolate. Naturalmente, come ha dimostrato lo studio della Rockefeller University, abbiamo una capacità olfattiva molto maggiore di quanto possiamo consapevolmente comprendere, dal momento che molte delle reazioni ai profumi influenzano il nostro corpo in modi inconsci. Poiché non abbiamo parole per i trilioni di profumi diversi che i nostri nasi possono rilevare, non abbiamo una struttura mentale per identificare consapevolmente ogni odore. Tuttavia, i nostri corpi rispondono a quegli odori su molti livelli.

L'olfatto è un senso di rilevamento chimico utilizzato per rilevare molecole traccia nell'ambiente: una capacità che si trova anche negli organismi unicellulari. Per i mammiferi terrestri (inclusi gli esseri umani) l'olfatto funziona come vedremo di seguito.

Le molecole che galleggiano nell'aria si depositano nel muco presente nella parte alta delle narici e si dissolvono. Appena sotto il muco, cellule recettrici specializzate (neuroni) rilevano l'odore. I neuroni trasmettono le informazioni tramite segnali elettrici alla parte posteriore del naso, in particolare al bulbo olfattivo, che in realtà è un'estensione del cervello. Da lì, i segnali vengono inviati direttamente al sistema limbico, che influenza emozioni e memoria, e alla neocorteccia, che influenza il pensiero cosciente.

Hai mai notato come determinati odori possano richiamare ricordi vividi di persone, luoghi ed eventi del lontano passato, anche della prima infanzia? La ragione di questa connessione è che l'olfatto è essenzialmente il collegamento diretto della memoria e del centro emotivo con l'ambiente. Le sostanze chimiche che toccano il tuo naso stanno, in effetti, toccando alcune delle strutture più sviluppate e più antiche del tuo cervello, quelle che riguardano emozioni, memoria, motivazioni e comportamenti automatici che sono in gran parte inconsci.

Secondo la rivista *Psychological Science*, gli esseri umani possono persino rilevare gli odori della paura e del disgusto. Quando rilevi quei profumi, il tuo cervello risponde inconsciamente registrando le stesse emozioni, che sono in effetti distinguibili sul tuo viso. La ricerca indica che i profumi sono, in un certo senso, contagiosi (de Groot et al.).

Molte persone affermano che le donne hanno un olfatto migliore degli uomini e che i giovani tendono ad avere un olfatto migliore rispetto alle persone anziane. Esperimenti di ricerca dimostrano che queste affermazioni sono, in media, vere. La teoria attuale sul motivo per cui le donne hanno in media un olfatto migliore rispetto agli uomini è che le donne usano l'olfatto per individuare i compagni chimicamente adatti e per stabilire il legame con i loro neonati.

Che siamo maschi o femmine, giovani o vecchi, l'olfatto è l'unico senso davvero connesso alla parte del nostro cervello che regola la memoria, l'emozione e la motivazione, una parte del cervello che è in gran parte inconscia. Non sarebbe una cosa potente, se tu fossi in grado di rendere più cosciente parte di quell'area del cervello, così da rendere ricordi, emozioni e motivazioni meno reattivi, meno caotici e più armoniosi e utili per la tua vita?

L'olfatto cosciente ti aiuterà a fare proprio questo e molto altro, poiché con l'olfatto cosciente puoi eliminare tutti i limiti tipici delle forme di meditazione tradizionali.

Il processo di olfatto cosciente è come segue:

Tempo

Imposta un timer di quindici minuti.

Posizione

Siedi o stai in piedi, come preferisci: basta che tu stia comodo.

Occhi

Occhi chiusi la prima volta che pratichi, aperti la seconda volta.

Processo

Fa' respiri pieni e fluidi, con l'intenzione di sentire la qualità dell'aria mentre si fa strada attraverso le narici, nei polmoni e di nuovo fuori. Nota le qualità generali dell'aria, come la pressione, l'umidità e la freschezza, nonché l'olfatto nel complesso.
Non tentare di identificare un odore particolare; accetta semplicemente tutti gli odori, mentre senti l'aria attraversare le vie respiratorie.
Quando noti il passaggio ad alfa, ovvero quando senti che la mente e il corpo sono calmi e rilassati, apri gli occhi per continuare la meditazione.

Che cosa hai notato? La sensazione fisica è cambiata? Il corpo si è rilassato? La mente si è calmata?

Diventando semplicemente consapevole dell'olfatto, la maggior parte delle persone scoprirà di essere molto più calma. In generale, quando smettiamo di prestare attenzione all'olfatto, è facile tornare rapidamente a uno stato inconsapevole. Mantenendo la consapevolezza dell'olfatto per un lungo periodo di tempo, la sensazione di calma chiarezza diventa sempre più profonda, mitigando ogni tendenza abituale a diventare ansiosi o depressi.

Quando annusi, la tua mente e il tuo corpo si rilassano, perché stai stimolando consapevolmente il sistema limbico, il centro emotivo del cervello.

Lascia che ti ricordi che, quando annusi con consapevolezza, stai intenzionalmente entrando in contatto con un'area del cervello che normalmente è inaccessibile alla tua mente cosciente, il che significa che hai il potere di apportare cambiamenti benefici al tuo cervello in relazione alle emozioni e ai traumi passati. Se durante questa meditazione sorgono vecchie emozioni o narrazioni mentali negative, il modo migliore per riprogrammare il cervello è rilassarsi maggiormente nel processo dell'olfatto cosciente e prolungarlo finché la negatività svanisce. Continua ad annusare consapevolmente e basta.

Un altro punto importante da notare è che, una volta che si è verificato il passaggio ad alfa, quando apri gli occhi potresti notare che sei automaticamente consapevole del campo visivo periferico, il che dimostra che sei in uno stato alfa cosciente. Se, quando apri gli occhi, non sei consapevole del campo visivo totale, significa che non hai ancora effettuato il passaggio a uno stato alfa cosciente. In tal caso, chiudi di nuovo gli occhi e riprendi a prestare attenzione consapevolmente al senso dell'olfatto, apportando consapevolezza alla sensazione delle vie aeree e dei polmoni mentre respiri, finché non ti rilassi ulteriormente; quindi prova ad aprire di nuovo gli occhi. È probabile che ora visualizzi di default il campo visivo totale.

Nota: potresti scoprire che la tua mente cerca di identificare odori specifici con una voce narrativa. Quando ciò accade, significa che la mente che elabora in serie si sta intromettendo, e questo può portarti rapidamente fuori dalla meditazione. Invece di ritrovarti a etichettare gli odori o a lottare contro quella tendenza, sii solo quietamente consapevole che ciò sta accadendo e poi torna alla consapevolezza di tutti gli odori e alla sensazione che avverti nelle narici mentre l'aria le attraversa.

Non preoccuparti minimamente se non sei in grado di odorare molto, perché il tuo senso dell'olfatto può variare in base a molti fattori, come la salute fisica, l'età, la temperatura, ecc. Ciò a cui miriamo davvero, qui, è arrivare all'essenza stessa dell'olfatto, che è, in realtà, la sensazione, poiché la sensazione è il vero cuore della consapevolezza. Tenendo presente questa cosa, se il tuo senso dell'olfatto non è granché, presta semplicemente attenzione alla sensazione nelle narici e nelle vie aeree.

Molte tradizioni di meditazione praticano tecniche di respirazione, alcune delle quali possono essere piuttosto elaborate. Praticamente nessuna di esse abbina la respirazione con l'attenzione all'olfatto, il che, a mio avviso, è un grande errore, perché l'olfatto è vitale per il nostro benessere psicologico.

Gli esseri umani moderni sono fortemente dipendenti dall'uso della visione foveale (focalizzata), che stimola uno stato mentale eccitabile, stressante e agitato dai rilasci di cortisolo nel cervello. Un essere umano che è coscientemente attento all'olfatto è probabilmente un individuo molto calmo e chiaro.

Un approccio molto semplice per affrontare certi tipi di ansia e depressione è diventare acutamente consapevoli dell'olfatto e della sensazione di respirare. Dopo averlo fatto, potresti scoprire che inizi rapidamente a sentirti molto meglio, come se fossi stato liberato da una maledizione.

Nota finale: la seconda volta che pratichi l'olfatto cosciente, di solito puoi farlo facilmente con gli occhi aperti sin dall'inizio.

Capitolo 9

Gusto consapevole

Il senso del gusto, come quello dell'olfatto, è un senso di rilevamento chimico; ma, a differenza dell'olfatto, che può rilevare più di un trilione di profumi diversi, si dice di solito che il senso del gusto differenzia solo cinque sapori: dolce, acido, salato, amaro e saporito, sebbene alcuni sostengano che vengono percepiti anche il piccante e il gusto del grasso.
Nella rilevazione dei sapori, il gusto lavora principalmente insieme all'olfatto. La lingua interagisce con la consistenza di ciò che viene masticato, il che fornisce maggiori informazioni al cervello e influenza la sensazione soggettiva del gusto. Per avere un'idea della relazione tra gusto e olfatto, tappati il naso e prova ad assaggiare qualcosa. Noterai che, quando l'olfatto viene ostacolato, il senso del gusto viene notevolmente limitato.

Il gusto consente agli esseri umani di distinguere tra cibi nutritivi e cibi tossici. Poiché gli enzimi digestivi presenti nella saliva scompongono il cibo in sostanze chimiche di base, queste vengono rilevate come sapori dalle papille gustative che coprono la lingua. La lingua ha tra le 2.000 e le 5.000 papille gustative. Altre papille gustative si trovano nella gola, oltre che sul palato, sui lati e nella parte posteriore della bocca. Ogni papilla gustativa contiene da 50 a 100 recettori del gusto o cellule gustative, che trasmettono segnali elettrici al cervello, che quindi crea il gusto che sentiamo.

Il senso del gusto è un meccanismo che rileva sia i nutrienti che le tossine. Ad esempio, il sapore dolce indica tipicamente cibi ricchi di energia, mentre l'amaro avverte di potenziali veleni.

Poiché le papille gustative sono in grado di rilevare solo pochi sapori distinti, gran parte del senso del gusto è influenzato dall'olfatto, che a sua volta è fortemente influenzato dalla temperatura dell'aria e del cibo. Quando il cibo, o il luogo in cui è mangiato, sono freddi, l'olfatto sarà ostacolato e, quindi, il senso del gusto sarà meno acuto. Il riscaldamento del cibo potenzia l'olfatto, il che migliora la nostra capacità di gustare: ecco perché preferiamo che molti cibi vengano riscaldati (e perché, in generale, il gelato è più difficile da gustare).

Con la consapevolezza che il senso del gusto, come l'olfatto, è fortemente influenzato dalla temperatura, lavoriamo con attenzione con questo senso durante la meditazione e non preoccupiamoci dei gusti specifici che rileviamo, poiché ciò varierà in base alla temperatura. Presta invece attenzione globale al senso, così come alla sensazione generale della lingua e della bocca.

Il processo del gusto consapevole è il seguente:

Tempo

Imposta un timer di quindici minuti.

Posizione

Siediti o stai in piedi, come preferisci: basta che tu stia comodo.

Occhi

Occhi chiusi la prima volta che lo provi.

Processo

Diventa vivamente consapevole della sensazione in bocca, così come del senso generale del gusto.

Potresti rilevare tracce di sapori che hai consumato all'inizio della giornata, ma non cercare di identificare gusti specifici. Basta essere consapevoli del senso del gusto e della sensazione in bocca come se fosse la prima volta che utilizzi la bocca.
Fai attenzione a notare quando si verifica il passaggio ad alfa.

Come puoi vedere, il processo è molto semplice. E, per la maggior parte delle persone, il solo prestare attenzione al senso del gusto e alla sensazione in bocca è sufficiente per passare alle onde alfa in massimo un minuto.

Considerazioni finali sulla degustazione consapevole

Quando mangiamo, la maggior parte delle volte non prestiamo attenzione ai nostri sensi; quindi dal processo alimentare riceviamo solo un godimento superficiale. Poiché non siamo attenti, tendiamo a mangiare velocemente e questo ci porta a mangiare troppo, perché non ci accorgiamo di essere sazi finché non abbiamo già mangiato più di una quantità salutare di cibo. Se rallenti il processo dell'assunzione di cibo, così da poter prestare attenzione ai sensi mentre mangi, questo ti sarà di aiuto per frenare la tendenza a mangiare troppo. Rallentare ti permetterà anche di goderti di più il cibo e di smettere di darlo per scontato.

Capitolo 10

Sensazione cosciente

La sensazione cosciente riguarda, prima di tutto, la consapevolezza del corpo. Tale consapevolezza include l'attenzione alla propriocezione e all'introcezione. La propriocezione è il senso di dove si trova il corpo nello spazio. È come una mappa interna che ti dice dove sono le parti del tuo corpo senza doverle guardare. L'introcezione è il senso della condizione fisiologica del corpo. L'introcezione ci fornisce informazioni su sensibilità tattile, calore, freddo, attività muscolare, dolore, solletico, prurito, fame, sete, necessità di sbadigliare o prendere fiato, eccitazione sessuale, battito cardiaco, attività vasomotoria e pienezza di vescica, stomaco, retto ed esofago.

La nostra consapevolezza corporea viene anche informata dai recettori presenti in articolazioni, muscoli, legamenti e tessuti connettivi, che forniscono informazioni sulla compressione e decompressione delle articolazioni. Queste informazioni viaggiano attraverso il midollo spinale e nelle parti inconsce del cervello. Poiché molte di queste informazioni sono inconsce, a meno che tu non intenda prestare attivamente attenzione al tuo corpo, è probabile che tu non sia consapevole della tua posizione corporea.

Anche se non sei sempre consapevole della posizione del tuo corpo, questo è generalmente in grado di mantenerti in piedi e al sicuro durante le varie attività della giornata, motivo per cui mi riferisco alla propriocezione come a un senso generalmente inconscio.

Con consapevolezza corporea non mi riferisco a pensieri o opinioni sull'aspetto, ma piuttosto alla consapevolezza sensoriale diretta delle condizioni, delle sensazioni e della posizione del corpo. Nella consapevolezza del corpo comprendo la sensazione del contatto del corpo con l'ambiente, che potrebbe includere la sensazione del pavimento sotto i piedi, la sensazione del fondoschiena contro la sedia, la sensazione della pelle che tocca i vestiti, l'aria, eccetera: l'intera gamma interna ed esterna delle sensazioni corporee.

La letteratura medica e psicologica considera l'accresciuta consapevolezza del corpo come una causa del peggioramento dei sintomi dell'ansia e dei disturbi di panico e dell'aumento del dolore. La ragione di questo è che la comunità medica e psicologica ha definito *la consapevolezza* come "punto focale". Quando ci concentriamo sui sintomi fisici, tendiamo a rimuginarci sopra e a sperimentare un peggioramento dei sintomi, il che induce stati di grande ansia.

Questa idea medico/psicologica della consapevolezza corporea è fondamentalmente diversa da ciò che i professionisti nella cura del corpo e della mente intendono per consapevolezza. Questi professionisti traggono la loro idea di consapevolezza da una percezione rilassata, non da una percezione ansiosa.

Molte modalità corpo-mente mirano ad aumentare la consapevolezza corporea: tra queste, vi sono tai chi, yoga, Feldenkrais, tecnica Alexander e lavoro sul respiro, ma potremmo guardare anche alla meditazione tradizionale come a un esempio dell'approccio rilassato corpo-mente.

Nelle forme tradizionali di meditazione, durante il rilassamento ci si concentra sull'esclusione. Poiché le modalità corpo-mente utilizzano la concentrazione rilassata, la consapevolezza risultante proviene da uno stato di onde cerebrali alfa, che porta a risultati positivi sia medici che psicologici. Una concentrazione tesa o ansiosa sulle sensazioni rifletterebbe uno stato di onde beta, che, a sua volta, comporterebbe l'aumento dell'ansia e la tendenza a esiti negativi notata dalla comunità medica.

In effetti, numerosi studi dimostrano i benefici di una rilassata consapevolezza dello stato corporeo. Questi studi suggeriscono che la consapevolezza corporea, come viene utilizzata nelle pratiche corpo-mente, può aiutare ad alleviare malattie come dolore lombare cronico (Mehling et al.), insufficienza cardiaca congestizia

(Baas et al.), insufficienza renale cronica (Christensen et al.) e sindrome dell'intestino irritabile (Eriksson et al.).

Grazie alla nostra comprensione del paradosso della consapevolezza (Capitolo 5), il Metodo di Inclusione Totale porta la consapevolezza un passo avanti rispetto al tradizionale approccio corpo-mente. Invece di concentrarci in modo rilassato su un punto specifico del corpo, ci rilassiamo nella consapevolezza dell'intero corpo.

Contrariamente a quanto sembrerebbe logico, una consapevolezza totale rilassata ci rende notevolmente sensibili anche ai più sottili segnali corporei, senza creare ansia, proprio così come possiamo vedere meglio il leggero baluginare delle stelle fioche quando siamo attenti alla visione periferica.

Ecco il processo TEM della consapevolezza corporea cosciente:

Tempo

Attendi circa un minuto tra ogni passaggio. Per la tua esperienza iniziale, il tempo totale dell'intera sequenza non deve superare i quindici minuti.

Posizione

All'inizio, mettiti semplicemente comodo in un posto dove non vi siano troppe distrazioni. Se, quando sei sdraiato, hai la tendenza ad addormentarti o ad avere sonnolenza, potresti voler stare seduto o in piedi.

Occhi

Aperti o chiusi, come preferisci.

Processo

All'inizio suddivideremo il corpo in sezioni, per facilitarci il percorso nel processo di consapevolezza corporea. Sappi che questo approccio sezionale è solo temporaneo. Passeremo presto alla piena consapevolezza del corpo come pratica predefinita.

Mentre esegui questa pratica, la tua attenzione potrebbe tendere a concentrarsi su particolari punti di disagio o dolore. Invece di concentrarti su quei punti specifici, riporta semplicemente la tua attenzione allo spazio totale su cui stai lavorando secondo i passaggi seguenti, consentendo ai punti dolorosi o fastidiosi di restare sullo sfondo della tua consapevolezza.

Siediti comodo, prestando viva attenzione ai tuoi piedi, e rilassali consapevolmente.
   Poi senti in modo intenso le aree tra le caviglie e le ginocchia e rilassale consapevolmente.
   Ora senti lo spazio dalle ginocchia ai fianchi e rilassa consapevolmente quell'area.
   Quando sei pronto, senti in modo vibrante l'area dai fianchi alla gabbia toracica inferiore e rilassala.
   Presta quindi attenzione all'area tra le costole inferiori e le clavicole e rilassa l'area.
   Quando ti senti pronto per il passaggio successivo, presta viva attenzione all'area tra le clavicole e la parte superiore della testa. Rilassala profondamente.
   Ora senti lo spazio tra le clavicole e i gomiti. Rilassa consapevolmente quello spazio.
   Quindi, osserva l'area tra i gomiti e i polsi. Rilassati.
   Ora senti le mani e le dita. Rilassa questa zona in modo particolare.
   Infine, presta attenzione allo spazio totale di tutto il tuo corpo, alla dimensione interna e alla superficie, e rilassa l'intero corpo, in modo che ci sia una tensione appena sufficiente per rimanere in posizione verticale, se sei in piedi.

Considerazioni finali sulla sensazione cosciente

Potresti notare che prestare attenzione e rilassare le aree del corpo sopra descritte sembra crearti una sensazione di leggerezza. Potresti anche notare che prestare attenzione a tutto il corpo ti porta rapidamente in uno stato cosciente di onde alfa. Al contrario, è quasi garantito che, concentrando la mente su un punto specifico di dolore o disagio, sposti la mente nelle onde beta, il che causerà solo più dolore e disagio.
   Gli stati di onde beta non dovrebbero essere associati alla consapevolezza, poiché quello stato non radicato manca di contesto. Sentire con consapevolezza contestuale, attraverso le onde alfa, migliora la circolazione, riduce l'infiammazione e rilassa l'intero sistema nervoso, in modo che il corpo possa iniziare a riprendersi.
   Un'ultima nota sulla consapevolezza corporea: le persone tendono ad associare la consapevolezza alla tensione, perché – ad esempio, quando siamo bambini, a scuola – ci viene detto tante volte di prestare attenzione esclusiva (onda beta).

Prestare attenzione nel modo che ci è stato insegnato a scuola ci mette in uno stato di tensione. A causa della confusione di lunga data tra consapevolezza e attenzione, che in realtà è *in-tensione*, potrebbe essere necessaria un po' di pratica per insegnare al cervello come rilassarsi staccandosi dall'abitudine delle onde beta ed entrando nella consapevolezza.

Sì, è possibile essere consapevoli dell'intero corpo anche quando siamo mentalmente tesi, ma quell'approccio tenderà a non apportare risultati positivi per la salute, perché prosciugherà rapidamente l'energia del corpo. Affinché il processo di guarigione funzioni, sono fondamentali il rilassamento e la conservazione dell'energia, motivo per cui la maggior parte dei processi di recupero del nostro corpo avviene durante il sonno. Il segreto per sentire il proprio corpo e guarire è imparare a rilassarsi durante il processo, in modo che il cervello non consumi così tanta energia.

Capitolo 11

Considerazioni finali sui sensi

Potresti notare che la descrizione scientifica di ogni senso termina con affermazioni tipo: "i segnali elettrici viaggiano fino al cervello, che quindi crea la sensazione che provi." Se la teoria è corretta, il vero significato di queste affermazioni è che il cervello, in effetti, immagina la realtà sulla base dei ricordi associati. La letteratura scientifica avrebbe potuto scrivere, con altrettanta accuratezza: "I segnali elettrici viaggiano fino al cervello, dove si verifica un qualche grande mistero della coscienza che non comprendiamo ancora". Riconoscere che la maggior parte di ciò che percepiamo del mondo potrebbe essere una creazione del cervello (o una sua proiezione) può essere molto utile per il processo meditativo, perché possiamo iniziare a spostare la nostra forma mentale lontano dalle idee che il mondo è semplicemente intorno a noi e che è materia morta. Se consideriamo il mondo come materia morta, tendiamo a perdere il rispetto per esso, per il nostro ambiente, per i nostri corpi. La visione materialistica tende ad attenuare la consapevolezza, e ciò è contrario al processo di meditazione.

Una volta che ti rendi conto che, almeno in larga misura, vi è la possibilità che ciò che percepisci accada solo all'interno del tuo cervello, puoi quindi iniziare a guardare con grande curiosità ciò che il tuo cervello sta percependo/proiettando;

con occhi nuovi, per così dire, senza dare per scontato che ciò che percepisci del mondo o di te stesso sia in definitiva vero.

Al centro della meditazione sta la capacità di aggiornare continuamente la consapevolezza, in modo che la nostra percezione possa essere libera dalle molte trappole concettuali della mente. Il risultato di questo processo è che potrai essere in contatto con il momento nel modo più diretto possibile, così come si presenta, e che sarai meno incline alle ruminazioni mentali.

Anche se, in verità, il nostro cervello potrebbe creare il nostro senso della realtà basandosi interamente su segnali elettrici e ricordi associati, dovremmo comunque prestare molta attenzione a tutto ciò che percepiamo: è nella natura della consapevolezza che troverai il valore trasformativo della meditazione. Ciò che la consapevolezza ti mostra in modo specifico è molto meno importante del fatto che il cervello è pienamente coinvolto in quel gioco della consapevolezza che è la meditazione.

Il trucco, una volta che iniziamo a giocare al gioco della consapevolezza, è non fermarci. Gioca con la consapevolezza tutte le volte che puoi. Più giochi, più facile sarà per il cervello sostenere la consapevolezza, perché il cervello impara col tempo a consentire un maggiore accesso alla consapevolezza.

Ora che abbiamo sperimentato il passaggio cosciente alle onde alfa attraverso i portali di ogni senso, possiamo fare un ulteriore passo avanti nel gioco della consapevolezza combinando i sensi, per creare un effetto armonico. Un effetto armonico è un effetto che è maggiore della somma delle sue parti. Prendiamo ad esempio il ronzio e il fischio: ciascuno di questi suoni, quando vengono prodotti separatamente, crea uno specifico effetto energetico; ma, quando vengono combinati, creano un effetto energetico completamente nuovo, che trascende sia il ronzio che il fischio.

Per un esempio dell'effetto armonico, visita
https://richardlhaight.com/harmonic

E ora passiamo al prossimo livello del gioco!

Parte III

Pratica TEM di base

Naturale è una parola molto fraintesa perché, in verità, tutto nell'universo è naturale per definizione. Quindi, tenendo presente questa cosa, quando uso il termine "naturale", mi riferisco alle qualità istintive che emergerebbero all'interno degli esseri umani, se venissero allevati in un ambiente che supportasse la consapevolezza sensoriale contestuale, come quello di un cacciatore-raccoglitore: la situazione in cui gli esseri umani si trovavano fino al massimo a poche migliaia di anni fa. Potresti essere sorpreso di sentire che ci sono persone che ancora vivono sotto le pressioni "naturali" del soddisfare solo i bisogni primari, come cacciatori-raccoglitori, in vari luoghi del pianeta.

Nella civiltà moderna, le persone tendono a pensare di stare molto meglio dei cacciatori-raccoglitori, ma io ritengo, invece, che i nostri moderni stili di vita abbiano alcuni svantaggi che sono passati in gran parte inosservati. Tendiamo ad avere una prevalenza molto più alta di disturbi psicologici rispetto ai cacciatori-raccoglitori. I nostri corpi sono, in generale, molto meno adatti a sopportare i rigori della vita nel mondo naturale, perché iperisoliamo le nostre case e tendiamo a mangiare troppo e troppo spesso. Che tu ci creda o no, ci sono alcuni vantaggi per la salute nell'essere consapevoli dello spazio, nel digiunare e nell'essere regolarmente esposti a fattori di stress ambientali come le temperature estreme. In moltissimi modi, le nostre menti e i nostri corpi soffrono per la troppa concentrazione richiesta e l'eccessivo stress mentale, nonché per un'insufficiente pressione ambientale, che non consente di radicare la nostra consapevolezza e fortificare i nostri corpi.

Poiché la vita nella civiltà moderna è tanto facile, molte più persone muoiono per malattie legate all'obesità piuttosto che alla fame. In effetti, morire di fame nel mondo moderno è quasi inaudito, e questa è una meravigliosa benedizione. Ma, considerando le nostre circostanze, se vogliamo vivere un'esistenza vibrante e sana, possiamo iniziare a imparare le semplici lezioni salutari che lo stile di vita naturale dei cacciatori-raccoglitori ha da offrire, inclusi i vantaggi dell'uso cosciente dei sensi, della consapevolezza corporea, del digiuno e dell'acclimatazione del corpo agli agenti atmosferici estremi.

Non fraintendetemi: non sto dicendo che lo stile di vita dei cacciatori-raccoglitori sia migliore. Ho passato del tempo con i cacciatori-raccoglitori, che fino a trent'anni fa erano cacciatori di teste. Alcune delle persone delle tribù che ho incontrato e con cui sono rimasto hanno sicuramente tagliato delle teste nel corso della loro vita. Non idealizziamo nessuno. Ma, ad essere onesti, hanno una dose di saggezza, proprio come noi. Dovremmo imparare tutta la saggezza che possiamo da chiunque abbia da offrirla.

Per molti versi, samurai e cacciatori-raccoglitori avevano molto in comune, motivo per cui mi sono sentito così vicino ai cacciatori-raccoglitori che ho incontrato. I samurai, come i cacciatori-raccoglitori, sapevano quanto fosse importante essere sempre consapevoli e fisicamente sani. Non avevano una polizza assicurativa che li coprisse in caso di errore, né un pronto soccorso dietro l'angolo, in caso di incidente.

Molti di noi, nel mondo moderno, danno per scontata la salute, perché sappiamo di avere una rete di sicurezza. Certo, non tutti hanno un'alternativa perfetta; ma tutti noi, nella civiltà moderna, abbiamo una rete di sicurezza maggiore di quella dei cacciatori-raccoglitori del mondo. Il semplice fatto di sapere che abbiamo quella protezione può farci cullare in uno stato di disattenzione. Un esempio del nostro stato di falsa sicurezza può essere facilmente visto nelle azioni incuranti dei campeggiatori, che spezzano la legna per il fuoco da campo facendo leva col ginocchio. Non vedresti mai, per nessun motivo, un cacciatore-raccoglitore che rompe la legna usando parti del corpo, perché sa che può provocare una ferita invalidante. Se la tua sopravvivenza dipende dalla capacità di camminare per chilometri ogni giorno per procurarti cibo e provviste, anche un piccolo infortunio può mettere la tua vita in pericolo e indebolire le possibilità di sopravvivenza della tua tribù. L'attenzione e la consapevolezza sono essenziali, sia per la sopravvivenza che per un cervello sano; quindi è saggio procedere come se non avessimo una rete di sicurezza.

L'approccio TEM prende la migliore saggezza dei samurai e dei cacciatori-raccoglitori e cerca di impiegarla nella nostra vita quotidiana, in modo che possiamo diventare più consapevoli e sani, pur avendo ancora potenzialmente le reti di sicurezza della società.

Mentre pratichi la TEM, tieni presente che è destinata a fondersi con la tua vita quotidiana, sfidandoti a essere più consapevole a tutti i livelli. La TEM ha lo scopo di sfidare il tuo cervello, in modo che diventi più flessibile, consapevole e in sintonia con la vita nel momento presente. Il cervello è il tuo strumento più importante. Sarebbe solo saggio mantenerlo vibrante e sano.

Nella Parte III aggiungiamo un ulteriore passaggio ai portali sensoriali della meditazione che hai imparato nella Parte II: la consapevolezza sferica. Combinando questi portali, emergerà una sinergia maggiore della somma delle sue parti. I passaggi combinati costituiscono la Meditazione del Guerriero, che è il metodo della pratica TEM di base.

Una volta esplorata la meditazione del guerriero, impareremo la corretta forma mentale della meditazione, come affrontare la resistenza mentale e come diventare sempre più flessibili con la pratica, in modo da poter iniziare a integrare la TEM in modo più completo nella nostra vita quotidiana attiva.

Capitolo 12

Consapevolezza sferica

Come ho raccontato nell'introduzione di questo libro, Sensei Osaki ed io, quando ci allenavamo insieme, non usavamo i cinque portali sensoriali come mezzo di meditazione. I cinque sensi erano i mezzi con cui meditavo prima di unirmi al dojo di Sensei Osaki. Grazie all'intensa consapevolezza corporea che avevamo già raggiunto attraverso l'addestramento nelle arti marziali, non avevamo bisogno di aiuto per raggiungere il livello di meditazione che qui descrivo come consapevolezza sferica. Ho incorporato i sensi nel processo di meditazione come mezzo per elevare i principianti allo stadio di meditazione con il quale Sensei Osaki e io stavamo lavorando in Giappone.

L'addestramento alla consapevolezza sferica è estremamente utile per le arti marziali, di guarigione e di meditazione. Il metodo è unico. Prima della nostra scoperta, non avevo mai sentito parlare di un metodo simile. Detto questo, in base a quanto da allora mi è stato raccontato da maestri di altre tradizioni, sono quasi certo di non essere il primo ad averlo scoperto, anche se potrei essere stato uno dei primi a codificare il metodo. Ecco come siamo arrivati a questa tecnica di allenamento.

Abbiamo iniziato a scoprire questo metodo di allenamento praticandoci a vicenda il *sotai-ho*. Il *sotai-ho* è l'arte terapeutica giapponese che sono stato autorizzato a esercitare. Attraverso le nostre esplorazioni del *sotai-ho*, abbiamo notato nel corpo una certa sensazione di leggerezza e pienezza. Una volta che siamo diventati sufficientemente consapevoli di questa sensazione, abbiamo cercato di raggiungerla esclusivamente attraverso la meditazione.

Abbiamo scoperto che potevamo usare l'accresciuta consapevolezza per cercare, nel nostro corpo, punti che sentivamo pesanti; e abbiamo scoperto che, anche solo puntandola verso uno di questi, i nostri corpi iniziavano a muoversi da soli, distendendosi e sbloccando la zona che in precedenza era pesante. All'inizio questa esperienza ci ha lasciati davvero sorpresi e spaventati.

Dopo l'esperienza, ho iniziato a fare ricerche sul sistema nervoso, nella speranza di scoprire cosa poteva essere accaduto, e sono stato sollevato di scoprire che per questo fenomeno c'era una spiegazione scientifica. Mi ha fatto piacere scoprire che il movimento automatico era il risultato di un nervo vago altamente stimolato che innescava una risposta del sistema nervoso autonomo, in particolare nel sistema nervoso parasimpatico: questo può causare movimenti inconsci che stimolano nel corpo il recupero e la guarigione.

Quando sentiamo che il corpo di qualcuno si è mosso inconsciamente, tendiamo a considerare la cosa piuttosto inquietante o dubbia, ma tutti noi abbiamo sperimentato movimenti parasimpatici inconsci, solo che tendiamo a trascurarne la stranezza, perché succede a tutti: lo sbadiglio è un perfetto esempio di movimento parasimpatico inconscio.

Lo sbadiglio è una risposta del sistema nervoso parasimpatico allo stress o alla stanchezza. Il movimento, l'allungamento e la respirazione stimolati da uno sbadiglio non li controlliamo coscientemente, sebbene siamo consapevoli di quanto sta accadendo in quel momento. Portando il sistema verso l'equilibrio, lo sbadiglio aiuta a rilassare il corpo.

Ciò che Sensei Osaki e io stavamo sperimentando era una versione molto vigorosa dello sbadiglio, che assumeva dimensioni inaspettate, tali da portare a un effetto di bilanciamento del corpo, ridurre l'infiammazione e accrescere notevolmente la consapevolezza rilassata. La respirazione vagale che insegno ora è un metodo basilare per principianti che consente loro di godere di alcuni di questi effetti.

Sebbene gli effetti terapeutici della consapevolezza meditativa siano stati incredibilmente stimolanti, la vera rivelazione è consistita nella sua influenza sulla nostra formazione nelle arti marziali. Insieme a molti altri effetti benefici, ho scoperto che la mia capacità di eseguire le tecniche era andata alle stelle. Rendendosi conto del mio miglioramento, Sensei Osaki iniziò a farmi acquisire abilità avanzate nella spada, nel bastone e nella mano aperta, usando come motore del nostro movimento la sensazione che avevamo scoperto nelle nostre esplorazioni di terapia e meditazione.

Con il nuovo approccio, abbiamo scoperto che ogni aspetto delle mie capacità migliorava notevolmente e, nel giro di pochi anni, ho ottenuto la licenza di maestro nelle quattro arti del samurai che il Sensei insegnava a quel tempo. Il Sensei mi ha onorato con l'enorme responsabilità di insegnare queste antiche tradizioni usando il nostro nuovo approccio. Ti prego di permettermi di condividerlo con te.

Esercizio di consapevolezza sferica

Immagina una sensazione leggera e piacevole nel tuo petto. Una volta che hai capito la sensazione, diffondila in tutto il corpo. Se trovi che ci sono aree del corpo che sembrano resistenti a questa sensazione di leggerezza, stai scoprendo ciò che ho descritto prima, in questo capitolo, come aree pesanti del corpo. Non cercare di forzare l'alleggerimento di quelle aree, in questo momento. Prendine nota senza concentrartici.

Immagina, quindi, quella sensazione leggera e piacevole che si diffonde al di là del tuo corpo in modo sferico, per creare un'atmosfera positiva nello spazio intorno a te. Assicurati che la tua sensazione non si fermi alle superfici, ma che si muova proprio attraverso di esse. Muri, pavimenti e soffitti non devono limitare la tua intenzione o consapevolezza; quindi estendi dolcemente le tue sensazioni/le tue intenzioni al di là di queste cose.

Fare questo semplice esercizio cambierà in modo lieve (forse non così lieve) e sano la postura e la respirazione, poiché il nervo vago sarà altamente reattivo. Questi cambiamenti benefici influenzeranno la pressione sanguigna, la frequenza cardiaca, i processi digestivi, gli stati mentali e... tutto, davvero. Le persone e gli animali intorno a te ti risponderanno inconsciamente in modo diverso, quando sarai sfericamente consapevole in questo modo.

Quello che Sensei Osaki e io abbiamo scoperto, nella nostra pratica, è che il rilassamento è la chiave per ottenere molti degli effetti positivi di questo esercizio. Mettere troppa tensione in questo processo stancherà rapidamente il corpo e il cervello; quindi non cercare di forzare la sensazione al di là del corpo. Invece, goditi il processo come se fossi un angelo che distende le ali. Consenti alle tue sensazioni di liberarsi dai limiti del corpo, ma non cercare di sfuggire al corpo. Lascia che le sensazioni si estendano dal centro del corpo verso il resto del mondo.

Naturalmente, non aspettarti di sentire fisicamente gli oggetti attraverso i quali si sta muovendo la tua intenzione, perché è improbabile che ciò accada. Invece, goditi la sensazione della consapevolezza ampia e leggera che questo esercizio porta nella tua vita.

Una delle sfide che può rendere difficile questo esercizio è il nostro sviluppato senso di propriocezione, ovvero la consapevolezza di dove si trova il nostro corpo nello spazio. La propriocezione ti dice non solo dove sei, ma anche dove si ferma il tuo corpo. Questo senso è, naturalmente, vitale per la sopravvivenza; ad esempio, rende improbabile che tu caschi da un dirupo. Lo svantaggio della propriocezione inconscia è che può creare una forte sensazione di separazione da tutto ciò che ti circonda, cosa che persino la scienza ti direbbe non essere vera.

Ogni atomo è costituito da particelle, alcune delle quali sono caricate elettricamente. Ciò che senti come tocco fisico è in realtà la resistenza dei nuclei degli atomi quando arrivano in prossimità dei nuclei di altri atomi. I nuclei non si toccano mai realmente. Nessun nucleo atomico nel tuo corpo ne ha mai effettivamente toccato un altro; sono le forze all'interno degli atomi, che si attraggono e si respingono a vicenda, che creano ciò che sperimentiamo come tocco e distanza. Quella che viene interpretata dal tuo cervello come fisicità sono, in realtà, le forze atomiche.

Usando come modello l'idea dei campi energetici, possiamo semplicemente immaginare il nostro campo energetico come una forza positiva e sana che si estende verso l'esterno a beneficio di tutto ciò che ci circonda.

Gestire la paura

Certi individui possono provare una paura viscerale, quando praticano la consapevolezza sferica. Tale paura è indicativa di un sistema nervoso traumatizzato, di solito il risultato di una prevaricazione tale da farci desiderare di rinchiuderci nel nostro guscio per proteggerci. Pertanto, le vittime di stupro o di abuso emotivo o fisico possono essere inclini a temere l'esercizio di consapevolezza sferica, perché hanno inconsciamente ritirato le loro energie verso l'interno. La tendenza a ritirarsi verso l'interno inizia con il desiderio di nascondersi dal mondo e indica un sistema nervoso bloccato in modalità preda.

Il problema nell'essere bloccati in modalità preda è che in realtà si tratta di una modalità che attira i predatori, che sono costantemente alla ricerca di individui con energia debole da predare. Ritirarci in noi stessi produce un'energia molto debole, che si manifesta nella nostra postura, nelle nostre emozioni, nelle nostre azioni e reazioni in ogni momento della vita. Essere bloccati in modalità preda è come tenere un'insegna al neon sopra la testa che dice: "Sono un bersaglio." I narcisisti e i sociopatici sono particolarmente abili a leggere l'insegna.

Certo, quando all'inizio eravamo traumatizzati, probabilmente non avevamo altra scelta che ritirarci in noi stessi. Ma ora che stai praticando la consapevolezza sferica, hai un mezzo non solo per curare il trauma, ma anche per tirare fuori il tuo sistema nervoso dalla modalità preda, in modo da poter nuovamente iniziare a interagire con la vita in modo pieno.

Molti insegnamenti dicono che non dovresti rendere accessibili le tue energie, ma quegli insegnamenti in realtà si riferiscono alle energie emotive, non alla consapevolezza. Ovviamente, essere molto emotivi può metterci in pericolo. Le emozioni hanno la loro importanza//il loro ruolo, ma dovremmo essere giudiziosi in merito alle persone con le quali condividerle. La consapevolezza, al contrario, è una qualità delle prede potenziali che il predatore teme.

Pensa a tutte le persone che rispetti molto. È probabile che tu senta che quelle persone sono grandi, da un punto di vista energetico. Camminano a testa alta e si esprimono in modo autentico. Sembrano sagge, senza paura, motivo per cui le rispetti. La natura rispetta la consapevolezza e schiaccia la debolezza.

La debolezza energetica non deve essere confusa con il rilassamento, poiché la debolezza energetica è in realtà indicativa di uno stato di grande ansia. Allo stesso modo, la durezza energetica non equivale alla forza, poiché la durezza energetica è solo un'altra forma di insicurezza che cerca di camuffarsi indossando una maschera di forza. La consapevolezza rilassata, invece, apporta l'equilibrio che cerchiamo.

Considerazioni finali sulla consapevolezza sferica

Vale la pena di praticare l'esercizio della consapevolezza sferica, ma, se incontri qualche difficoltà, dedica del tempo extra a fare pratica con i portali sensoriali che abbiamo esplorato nei capitoli precedenti, in modo che il cervello diventi sempre più flessibile. Man mano che il cervello aumenta in flessibilità e consapevolezza, la consapevolezza sferica sarà più facile da raggiungere e richiederà uno sforzo sempre minore. Un segno distintivo di un maestro samurai è che era sempre sfericamente consapevole. Ci arriverai con la pratica.

Infine, ci sono molti, molti modi per modificare questo metodo. Quella che ho condiviso qui è solo una delle quasi infinite possibilità. Indipendentemente da quale pratichi, la chiave del successo è la stessa: dal centro del tuo corpo, estendi la consapevolezza in ugual modo in ogni direzione. Poiché i sensi umani tendono a proiettarsi in avanti, il nostro cervello è un po' limitato nella consapevolezza sopra, sotto e ai lati del corpo. E sebbene siamo deboli nella consapevolezza in quelle direzioni, lo siamo ancora di più nella consapevolezza della parte retrostante i nostri corpi.

Coscienti come siamo delle debolezze della nostra consapevolezza, è saggio dedicare un po' di attenzione in più alle direzioni più deboli, in modo da creare un cervello più equilibrato.

Capitolo 13

La meditazione del guerriero

La meditazione del guerriero è la pratica base di meditazione TEM di livello 1. Costituisce una base neurale che, alla fine, permetterà alla consapevolezza di penetrare nella tua vita quotidiana attiva. Proprio come il maestro samurai, che trova un'incredibile calma chiarezza anche nel caos della battaglia, con la pratica anche tu potrai trovare calma chiarezza nella tua vita attiva e quotidiana.

Per avere un'immagine mentale della Meditazione del Guerriero, immagina lo scenario di un campo di battaglia, con un singolo samurai circondato da più avversari che cercano di ucciderlo. Nell'ansioso tentativo di difendersi, l'attenzione di un principiante salterà da un avversario all'altro. Presto si stancherà e sarà sconfitto. Un guerriero esperto estenderà la sua attenzione in modo uniforme in tutte le direzioni, ma ancora proverà ansia mentre pianifica mentalmente le sue tattiche. I suoi pensieri e l'ansia potrebbero essere la sua rovina, se i suoi avversari sono veramente abili. L'attenzione di un maestro, come quella dell'esperto, è distribuita uniformemente, ma è calmo come uno stagno immobile. Senza pensare a quali potrebbero essere le sue azioni, il suo corpo compie l'azione giusta in base alle esigenze del momento.

Potresti chiederti in che modo l'esperienza del samurai assomigli alla tua vita moderna. Idealmente, nessun esercito o assassino sta cercando di attaccare te o la tua città.

In un certo senso, noi moderni non siamo così diversi dai samurai. Con le nostre vite impegnate, non abbiamo tempo da trascorrere in meditazione per ore al giorno. Abbiamo invece bisogno di una meditazione che si fondi con le nostre vite frenetiche e sotto pressione, proprio qui, proprio ora, in modo che il fare fluisca da una profondità di consapevolezza; la capacità di esprimerti da una profondità di consapevolezza è esattamente ciò che la Meditazione del Guerriero intende aiutarti a acquisire.

Poiché è quasi certo che leggere manterrà bloccata in onde beta una persona nuova al processo TEM, suggerisco, prima di provare la Meditazione del Guerriero, di leggere i passaggi della meditazione, per familiarizzare con il processo; così, quando proverai la meditazione, non dovrai leggere. Dopo aver familiarizzato con i passaggi della Meditazione del Guerriero, metti giù il libro e provala.

Nota: useremo i sensi come un portale verso la meditazione, quindi, nel caso in cui manchi uno dei cinque sensi primari, non preoccuparti, poiché il cervello compenserà ciò che è assente. Ad esempio, se sei sordo, durante la fase in cui stiamo prestando attenzione al senso uditivo, potresti semplicemente prestare attenzione alla sensazione delle tue orecchie. Finirai per trovarti nello stesso luogo di chiunque abbia tutti e cinque i sensi.

Tempo

In generale, la tua prima esperienza con la Meditazione del Guerriero richiederà tra i 15 e i 20 minuti. Il tempo varia da persona a persona, perché è vitale procedere con cautela nel processo. Dopo aver acquisito dimestichezza con i passaggi e aver sperimentato alcune volte la Meditazione del Guerriero, è utile impostare un timer per una durata a tua scelta, così non dovrai pensare al tempo durante le sessioni dedicate alla pratica.

Posizione

Devi solo stare comodo. Non ti consiglio di sdraiarti, inizialmente, poiché potresti essere colto dalla sonnolenza e addormentarti. Se il tuo corpo assocerà meditazione e sonno, sarà estremamente difficile rimanere vigili durante la meditazione.

Occhi

Aperti, per la pratica di base.

Processo

Inizia la meditazione del guerriero facendo diversi respiri vagali, che rilasseranno rapidamente il corpo e la mente. Ecco un riepilogo del processo di respirazione vagale descritto nel Capitolo 3:

- Fa' un respiro completo e usa il respiro per espandere i polmoni nei modi che ti fanno stare bene. Puoi usare l'addome, la colonna vertebrale, le spalle e il collo per modificare la pressione di espansione. Rendila una cosa meravigliosa. Espira lentamente. Ripeti.
  Se conosci l'inglese, puoi visitare www.richardlhaight.com/vagal per assistere a una dimostrazione della respirazione vagale.
- Quando senti che il tuo corpo e la tua mente sono calmi e chiari, passa alla fase successiva della meditazione

Guarda dritto davanti a te, prendendo l'intero campo visivo, proprio come abbiamo fatto durante l'esercizio di visione periferica del Capitolo 6. Se hai problemi a uscire dalla visione focalizzata, puoi stendere le braccia per trovare il bordo esterno della tua visione periferica,

Il modo per trovare il bordo periferico è guardare dritto davanti a sé e, senza muovere gli occhi, stendere le braccia in fuori partendo direttamente dai fianchi. Sposta le mani indietro quanto basta per non vederle, quindi inizia a muovere le dita. Muovi lentamente le mani in avanti, fino a quando il movimento oscillante è appena rilevabile dalla tua visione periferica. Ora, tenendo in movimento le dita proprio sul bordo del campo visivo, spostale circolarmente in senso orario, per trovare l'intero bordo esterno del campo periferico.

Quello che scoprirai è che il bordo della nostra visione periferica è stretto verticalmente, con solo un raggio di circa 90 gradi, e largo orizzontalmente, con circa 180 gradi di visibilità. Una volta trovato l'intero bordo esterno del campo visivo periferico, rilassa le braccia.

Non devi sforzarti, durante questa meditazione; quindi, prima di procedere al passaggio successivo, assicurati di trascorrere diversi minuti rilassandoti nella visione periferica, per acclimatarti e consentire alla tua percezione di aprirsi. Una volta che ti sei acclimatato e ti sei rilassato nella consapevolezza del campo visivo totale, vai al passaggio successivo.

Diventa consapevole dell'intero campo udibile, consentendo a tutti i suoni di entrare nel tuo corpo, senza concentrarti né cercare di identificare alcun suono in particolare. Se mettiamo da parte pregiudizi, simpatie e antipatie, scopriremo che possiamo praticare questa meditazione anche in uno spazio rumoroso, perché tutti i suoni saranno accettabili. Detto questo, è sempre saggio evitare di esporre le orecchie a suoni troppo forti, per non danneggiarle. Dedica alcuni minuti ad applicare una vibrante consapevolezza a tutti i suoni vicini e lontani. Una volta che sei in grado di rilassarti in un udito cosciente, vai al passaggio successivo.

Diventa consapevole dell'olfatto e della sensazione dell'aria che viaggia attraverso le narici fino ai polmoni. Sebbene tu possa notare odori del luogo in cui ti trovi, l'odore del tuo corpo e l'odore del cibo mangiato all'inizio della giornata, non tentare di identificarli. Basta che tu noti l'intera gamma degli odori, senza che la tua attenzione venga catturata da odori specifici. Se non riesci a rilevare alcun odore, non preoccuparti, perché lo scopo non è notare odori particolari. Apriti invece alla sensazione in modo imparziale, senza preoccuparti dei dettagli. Rilassati e goditela.

Dirigi la tua consapevolezza al senso del gusto e alla sensazione all'interno della bocca. Potresti notare il sapore di alcune cose che hai mangiato all'inizio della giornata, ma non cercare di identificare quei gusti specifici. Divertiti solamente a esplorare il senso generale del gusto e le sensazioni nella bocca, come calore, umidità, durezza, morbidezza, ecc. Qui è fondamentale trovare un equilibrio tra relax e vibrante coinvolgimento. Concediti qualche minuto per abituarti al senso del gusto, prima di passare alla fase successiva della meditazione: la consapevolezza corporea.

Diventa consapevole dell'intera superficie del corpo, così come delle sensazioni interne del tuo corpo, come se stessi sperimentando tutto ciò per la prima volta. Potrebbero esserci punti di fastidio o dolore, ma fai attenzione a non permettere alla tua mente di concentrarsi su quei punti, escludendo tutto il resto. Consenti invece alla consapevolezza di onorare simultaneamente l'intero corpo della sua presenza. Concediti un po' di tempo per rilassarti nella totale consapevolezza del corpo.

Infine, lascia che la tua sensazione meditativa si estenda oltre il corpo e nello spazio circostante in modo sferico. Potresti immaginarla come se l'essenza stessa del tuo essere venisse liberata, per sentire lo spazio oltre i confini corporei.

Molte persone, in questa fase, tendono a iniziare a creare molta pressione interiore, nel tentativo inconscio di fare esplodere il proprio sé come un palloncino. Quell'approccio è contrario al nostro obiettivo di trovare una consapevolezza rilassata che possa aiutarci nella vita quotidiana. Invece di essere condotto con ostinazione, questo processo dovrebbe essere piacevole e liberatorio.

Se sei in una stanza, per abitudine la tua intenzione e la tua sensazione tenderanno a fermarsi inconsciamente sulle superfici. Poiché l'intenzione può estendersi oltre le superfici, la tendenza della sensazione di fermarsi alle superfici è indicativa di una convinzione limitante. Non c'è motivo di credere che le superfici abbiano alcun potere sull'intenzione; quindi lascia che l'intenzione e la sensazione fluiscano oltre le pareti, il soffitto e il pavimento.

Rimani incondizionatamente consapevole, in questo modo, per il resto del tuo tempo di meditazione, con l'intento di usare sempre meno la concentrazione, mentre procedi. Rilassati e goditi la pienezza dell'essere.

Uno dei molti vantaggi di questa fase della Meditazione del Guerriero è che, dal punto di vista funzionale, diventiamo più attenti allo spazio totale che ci circonda. Questo è un grande vantaggio per il cervello, poiché inizia a cambiare per permettere una consapevolezza più contestuale del mondo che ci circonda, così come una consapevolezza più profonda e contestuale di ciò che sta accadendo all'interno della psiche.

Alzarsi in piedi al termine della Meditazione del Guerriero

L'obiettivo della Meditazione del Guerriero non è quello di essere sedentaria, sebbene possa certamente essere utilizzata anche per la meditazione profonda e sedentaria. In definitiva, l'obiettivo è incorporare la consapevolezza contestuale nella nostra vita quotidiana attiva. Fa' attenzione a non associare l'alzarsi in piedi o lo stare in piedi con la fine della meditazione, come accadrebbe in molte altre tradizioni meditative. Vogliamo invece mantenere una vibrante consapevolezza spaziale mentre ci alziamo in piedi, mentre camminiamo e mentre svolgiamo la nostra vita quotidiana.

In generale, praticare la Meditazione del Guerriero non abbassa così tanto la pressione sanguigna da doverci preoccupare di svenire mentre tentiamo di stare in piedi. Per sicurezza, però, è saggio aumentare un po' la pressione del sangue, prima di alzarsi. Possiamo usare questa precauzione - muoverci, per far aumentare la nostra pressione sanguigna - come un'opportunità per esercitarci a rimanere in uno stato meditativo.

La soluzione è rimanere sfericamente consapevoli mentre esegui il movimento che ha lo scopo di aumentare la pressione sanguigna. Puoi usare l'idea delle finestre sullo schermo del tuo computer come una buona analogia di ciò che faremo qui.

Con il computer è possibile posizionare una finestra in primo piano e un'altra sullo sfondo. Allo stesso modo, manterremo la consapevolezza spaziale in primo piano, consentendo al contempo al movimento stimolante di essere sullo sfondo della consapevolezza. In questo modo, il movimento sarà incorporato nella tua meditazione e non ti porterà fuori da essa. Sposta il peso del corpo a sinistra e a destra, avanti e indietro; muovi leggermente le dita delle mani e dei piedi. Fare questo semplice movimento dovrebbe essere sufficiente per aumentare la pressione sanguigna a livelli di sicurezza, prima di metterti in posizione eretta.

Ora che sei in piedi, guarda per quanto tempo riesci a mantenere la consapevolezza spaziale durante la giornata.

Riepilogo della Meditazione del Guerriero

1. Fai diversi respiri vagali per rilassare il corpo e la mente
2. Presta attenzione al campo visivo totale
3. Nota tutti i suoni vicini e lontani
4. Nota il senso dell'olfatto e la sensazione nelle vie respiratorie
5. Nota il senso del gusto e la sensazione nella bocca
6. Nota la sensazione di tutto il corpo
7. Espandi la tua sensazione sferica oltre il corpo, nello spazio intorno a te
8. Alzati mantenendo l'attenzione sulla consapevolezza spaziale primaria, muovi le dita delle mani e dei piedi e inclinati a sinistra e a destra, per assicurarti che la pressione sanguigna sia a un livello sicuro, prima di alzarti in piedi. Stai in piedi nella consapevolezza.

Affinamento del processo

Se riscontriamo che il processo sensoriale della Meditazione del Guerriero ci stressa un po', potremmo esserci sforzati leggermente troppo con i sensi. Lo sforzo più comune è con gli occhi, quando sporgono inconsciamente nel tentativo di vedere il campo periferico. La soluzione è distendere gli occhi, consentendo loro di vedere il campo periferico senza sforzo. Mentre si rilassano gli occhi, è anche una buona idea rilassare le spalle, un'area in cui normalmente accumuliamo tensioni inconsce.

Durante questa meditazione, normalmente stressiamo il corpo anche quando cerchiamo di restare attaccati a tutti i sensi contemporaneamente. Per risolvere questo problema, mentre ci spostiamo dalla vista al suono all'olfatto, eccetera, rilassati e confida che i sensi precedenti ci informeranno, se necessario, senza che cerchiamo di prestare attenzione a tutti i sensi contemporaneamente.

A un certo punto i sensi inizieranno a informarti senza alcuno sforzo da parte tua. Notai per la prima volta questo effetto quando, in Giappone, mi addormentai sull'erba di un parco. Era una giornata primaverile bella e calda e mi sentivo a mio agio al massimo grado. Mi addormentai durante la meditazione, solo per svegliarmi con un potente avvertimento interiore, mentre sentivo una pressione minacciosa che mi premeva da dietro. Mi svegliai di colpo e girai la testa per guardare nella direzione della pressione. Come previsto, c'era uno strano tipo che camminava proprio dietro di me, fissandomi.

Considerando dove giacevo e la conformazione del terreno, il suo approccio era chiaramente un'invasione consapevole del mio spazio, perché ero ben lontano dal sentiero ma chiaramente visibile da esso. Non ho idea di quali fossero le sue intenzioni, ma dubito che fossero buone.

Non appena i nostri occhi entrarono in contatto, si voltò di scatto e si allontanò. Mi chiesi come potessi sapere che qualcuno mi si stava avvicinando, dato che dormivo e, consapevolmente, non sentivo nulla. Il rilassamento espanso mi permise di sfuggire a un possibile attacco. Nel tempo diventerai fiducioso che la meditazione e i sensi ti informeranno, quando necessario. La fiducia funzionale arriva dopo molta pratica ed esperienza. Pratichiamo il nostro processo di meditazione con fiducia.

Considerazioni finali sulla Meditazione del Guerriero

Come indicato nell'introduzione, la meditazione ci apporta molti benefici per la salute fisica e mentale che sono scientificamente verificati. Con la pratica regolare della Meditazione del Guerriero scoprirai una serie di benefici potenti.

La meditazione regolare può creare una sensazione di crescente espansività, che sembra sostenere psicologicamente coloro che meditano e renderli meno reattivi ai fattori di stress e a ciò che potrebbero aver percepito in precedenza come attacchi personali. Praticare la meditazione aiuta anche il meditatore a vedere il sé in un modo non personale, il che consente una straordinaria oggettività e intuizione e può servire a liberarci da schemi emotivi malsani. Questo effetto non personalizzante ci immunizza lentamente contro meschinità, egoismo, nevrosi e narcisismo.

Inizierai a notare che la negatività interna ed esterna sembra fluire sempre di più oltre te, senza rimanerti attaccata. Man mano che diventerai meno reattivo alle cose che non sono degne della tua attenzione, scoprirai che ti verrà risparmiato lo spreco di molto tempo ed energia.

Attraverso la pratica della Meditazione del Guerriero potresti anche notare che il tuo corpo sembra risvegliarsi, il che gli consente di muoversi in modo indipendente per eludere pericoli invisibili o andare avanti in direzioni benefiche. Io, per esempio, permetto che tutto il mio lavoro di scrittura venga fatto dal corpo in questo modo. In effetti, è più come se il libro venisse scritto attraverso il mio corpo che non da me personalmente. Sono sicuro che molti musicisti e atleti hanno avuto esperienze simili, di tanto in tanto. Questo stato fluisce e talvolta vi si può fare riferimento come all'"essere in zona".

Sono sicuro che, con la pratica, otterrai molti benefici, se non tutti ; ma non illuderti, perché ci vorrà pratica quotidiana. Questo ci porta alla neuroplasticità.

Il cervello è l'organo più fluido del corpo. In effetti cambia a ogni esperienza che abbiamo, perché è così che il cervello ci aiuta ad adattarci all'ambiente. L'adattabilità del cervello si chiama neuroplasticità.

La neuroplasticità è la capacità del cervello di cambiare continuamente durante la vita di un individuo. I cambiamenti primari avvengono mentre dormiamo. Durante il sonno il cervello rialloca le risorse dai percorsi neurali meno utilizzati a quelli che sono stati più utilizzati durante il giorno. La capacità del cervello di cambiare attraverso la neuroplasticità è estremamente potenziante, per gli individui che fanno uso di tale capacità.

Come affermato all'inizio del libro, numerosi studi hanno dimostrato un legame tra la pratica della meditazione e i cambiamenti nello spessore corticale del cervello, così come cambiamenti nell'attività cerebrale regionale associati a paura, rabbia, depressione, ansia e attenzione. Questi studi mostrano anche miglioramenti nelle capacità del corpo di guarirsi (Sasmita et al.). Sembra che questi cambiamenti siano il risultato di alterazioni strutturali nel cervello dovute alla neuroplasticità (Kong et al.).

Se non mediti per qualche giorno, perdi l'opportunità di una ristrutturazione cerebrale positiva attraverso la neuroplasticità quando dormi, perché i cambiamenti stimolati dalla meditazione possono verificarsi solo se quel giorno hai sfidato il tuo cervello con la meditazione. Da dieci a quindici minuti al giorno è un ottimo inizio. Se da dieci a quindici minuti al giorno non sono possibili, allora fai cinque minuti al giorno, ma non saltare dei giorni, perché presto potresti scoprire che uscirai dallo schema della meditazione e tornerai ai vecchi schemi inconsci.

Domande e risposte

La tecnica di meditazione che insegni è molto simile alla meditazione Vipassana, tranne per un dettaglio: la direzione dell'osservazione. Nella meditazione Vipassana, le osservazioni sono dirette verso l'interno, mentre con la meditazione del guerriero la direzione dell'osservazione sembra essere verso l'esterno, verso il mondo. Pensi che io possa praticare entrambe queste meditazioni o dovrei farne solo una? Entrambe richiedono che, alla fine, tu viva permanentemente nella modalità della meditazione.

Man mano che pratichiamo le meditazioni che si trovano in questo libro, l'illusione della separazione tra la dimensione interna e quella esterna comincia a svanire, il che significa che "vista interiore" e "vista esteriore" diventano la stessa cosa: tu sei il mondo, il mondo è te. Una volta raggiunta questa presa di coscienza, la domanda su dove dirigere l'osservazione diventerà priva di significato, poiché l'osservazione non sarà più esclusiva.

Per quanto riguarda la Vipassana, se in effetti conduce alla meditazione vivente continua in alcuni dei suoi praticanti, la sua pratica corretta deve, alla fine, dissolvere le inutili illusioni della separazione.

Per quanto riguarda quale meditazione sia migliore per te, sperimentare è molto gratificante, nella mia esperienza; quindi potrebbe essere una buona idea per te giocare con entrambe e vedere cosa viene fuori dalla ricerca, se ti senti così incline a farla.

L'approccio sperimentale alla meditazione è più efficace se è fatto molto accuratamente, con la consapevolezza che le percezioni e le capacità si approfondiscono e si affinano man mano che procediamo; ciò che poteva sembrare inefficace all'inizio potrebbe, quindi, diventare efficace in seguito. Durante la formazione con il mio insegnante, in Giappone, continuavo a provare, di tanto in tanto e sono stato ampiamente ricompensato per lo sforzo. Se sperimentiamo con curiosità e gioia, il processo di risveglio sarà un'avventura!

Durante la meditazione, continuo ad avere il pensiero che non la sto facendo bene. Hai detto che è una sensazione normale, all'inizio, ma io ce l'ho ancora, anche dopo aver praticato per alcuni mesi.

La sensazione di farla in modo sbagliato deriva probabilmente da un'insicurezza che può manifestarsi come perfezionismo. Il perfezionismo proviene dall'emisfero dell'elaborazione seriale e rappresenta uno stato d'onda beta, il che significa che è contrario al processo meditativo.

Il perfezionismo nasce dall'idea egoica che dovremmo essere impeccabili in ciò che stiamo facendo, il che è impossibile. Fondamentalmente, la sensazione deriva dal cercare l'approvazione o dall'evitare la responsabilità. Se sentiamo di poter essere i migliori in qualcosa, il perfezionismo potrebbe spingerci avanti e produrre grandi risultati, per quanto riguarda abilità e conoscenza; ma, poiché il perfezionismo è un'energia inconscia, è opposto alla consapevolezza. Se alimentiamo il perfezionismo, quello che succederà è che, alla fine, ci arrenderemo in aree in cui ci giudichiamo insufficienti. In quanto esseri umani, abbiamo molte aree che sono squilibrate; quindi il perfezionismo ci farà polarizzare le nostre capacità. A causa di profonde insicurezze, brilleremo in alcune aree e peggioreremo in altre.

Un certo grado di insicurezza è perfettamente normale e, probabilmente è anche vero che non stai facendo le meditazioni in modo perfetto. Il trucco è semplicemente non credere alle narrazioni interiori e invece continuare a muoverti in maniera maldestra lungo la strada del processo di meditazione. Man mano che avanzerai, per quanto goffamente, acquisirai consapevolezza in modo graduale e la tua pratica si affinerà naturalmente.

Il cervello ha bisogno di tempo ed esposizione per acclimatarsi. In questa fase iniziale del processo di meditazione, possiamo considerare la meditazione come imparare ad andare in bicicletta. È probabile che, all'inizio, perdiamo l'equilibrio diverse volte, ma, alla fine, se persisteremo, saremo in grado di guidare senza mani.

Con la pratica costante, riduciamo lo sforzo e troviamo così tanta chiarezza che non ci sarà più un senso del sé a indurci in errore; una volta che avremo quell'esperienza, ci renderemo conto che l'"io" non potrà mai meditare correttamente, perché è solo quando non c'è alcun senso del sé che c'è una chiarezza perfetta. Quella è la vera meditazione.

So che suona estremamente astratto ed esoterico, ma la scienza ha già dimostrato che il senso del sé è semplicemente una percezione che può essere trascesa. L'ego, così come lo sperimentiamo, è il risultato di aree del cervello note come "la rete in modalità predefinita". Quando nella meditazione ci rilassiamo a sufficienza, le nostre onde cerebrali vanno più in profondità delle alfa, in onde theta o in onde delta, per esempio. In quel momento, l'attività della rete in modalità predefinita diminuisce, il che si traduce in una trascendenza del senso del sé. Potremmo quindi sentire di essere connessi all'universo o di essere l'universo. La sensazione di collegamento indica che stiamo *vivendo* la vera meditazione e non più *facendo* meditazione.

Naturalmente, quando iniziamo la pratica, una grande percentuale del nostro tempo la trascorreremo facendo meditazione, con occasionali scorci di meditazione effettiva, che è rappresentata da sentimenti di unità. Man mano che persistiamo, la percentuale di tempo in cui sperimentiamo l'unità aumenterà, mentre il nostro sforzo diminuirà.

Il sé vuole sentire il controllo e la meditazione è una sorta di abbandono del controllo; quindi, in modo del tutto naturale, la mente resisterà al processo meditativo. Se crediamo alle narrazioni e ai sentimenti resistenti della mente, potremmo essere dissuasi dal continuare il processo meditativo. Il trucco è rilassarsi di più ed essere meno preoccupati di ciò che la mente ci dice. Per accelerare il processo, potremmo anche smettere di preoccuparci delle opinioni degli altri su di noi. Vai avanti e basta, facendo ciò che è salutare e benefico, senza preoccuparti delle opinioni, tue o di altri.

A volte provo un'ansia tremenda, quando pratico la Meditazione del Guerriero. Perché accade questa cosa?

La tua domanda potrebbe riguardare la modalità preda del sistema nervoso, cui abbiamo accennato in precedenza. Permettimi di approfondire questo argomento.

Ci possono essere diversi motivi per questa ansia. Una ragione potrebbe essere che credi, consciamente o inconsciamente, che aprirsi energeticamente crei vulnerabilità: un comune insegnamento New Age. L'insegnamento è vero per quanto riguarda l'apertura emotiva, perché farlo rende certamente vulnerabili alle persone che potrebbero trarre vantaggio dai tuoi stati emotivi. Ma l'apertura alla consapevolezza non dovrebbe essere paragonata alle emozioni. La sensazione (consapevolezza) non dovrebbe essere equiparata ai sentimenti (emozioni). Aprirci alla sensazione in realtà ci rafforza, perché usciamo dal nostro guscio. Questo significa che ora stiamo affrontando la vita pienamente perché, a livello del sistema nervoso, sappiamo di essere pienamente in grado di affrontarla . Indossare un'armatura è un segnale che siamo deboli e che non crediamo di essere in grado di gestire pienamente la vita. Il linguaggio del corpo, quando ci chiudiamo, è un annuncio per i predatori che siamo una preda potenziale.

Invece di incolpare i predatori per averne approfittato, per prima cosa è saggio prendere nota dei sentimenti e del linguaggio del corpo che attira i predatori. Una volta che siamo consapevoli di ciò che attira questi individui, possiamo apportare correzioni consapevoli per porre fine alle nostre abitudini. Con questo approccio cosciente alla correzione interiore, scopriremo che la nostra stessa presenza allontana i predatori, perché il modo in cui camminiamo, ci muoviamo, parliamo e così via ci denota come persone complete e capaci. L'ultima cosa che vuole un predatore è attaccare un individuo capace, perché vuole un bersaglio facile.

Pensa a tutte le persone al mondo che ammiri di più. Quegli individui quasi certamente non si stanno nascondendo. Probabilmente stanno vivendo vite autentiche, il tipo di vita che vorresti vivere tu. Vivi in modo autentico e sarai la persona che sei nato per essere.

La seconda ragione per cui, quando meditiamo, potremmo provare ansia è perché il nostro corpo entra in una sorta di modalità di guarigione, che fa emergere naturalmente emozioni inconsce e bloccate e schemi mentali da osservare e sperimentare consapevolmente.

Ogni volta che sperimentiamo qualcosa, nella vita, da cui ci allontaniamo emotivamente, questo crea un'impronta psicologica disarmonica che dice al nostro sistema nervoso che non siamo abbastanza bravi per affrontare la realtà. Questa narrazione inconscia si ripresenterà nella nostra vita quotidiana e nei nostri sogni come sentimenti di insicurezza o ansia e pensieri sulle nostre carenze. Sorprendentemente, queste impronte interiori possono anche creare sentimenti narcisistici della nostra superiorità, che è solo un modo per nascondersi dall'insicurezza. Pensa alle persone che devono sempre vincere per sentirsi bene con sé stesse. Quello che non vedono è che non stanno bene con sé stessi. La competitività può essere solo una copertura per i blocchi inconsci.

La soluzione non è nutrire il critico interiore o il narcisista, ma piuttosto non credere a tutte le opinioni su di te – indipendentemente dalla fonte – e riportare la tua attenzione sulla consapevolezza. Il processo di ristrutturazione del cervello e di abbandono delle impronte richiederà tempo. Non è una gara. Continua a farlo senza battere ciglio e alla fine il cervello smetterà di combattere il processo. Il cervello sta cercando di conservare energia; quindi, non appena saprà che non ti arrenderai, si darà per vinto. È come una rissa da bar. Se riesci a tenere impegnati gli aggressori per un minuto o due senza farti male, saranno così esausti che ti supplicheranno di non ferirli. Allo stesso modo, se sarai costante, la mente si sottometterà alla consapevolezza.

Il problema è che la nostra mente tende a proiettare l'idea che, qualunque cosa stiamo provando ora, durerà per sempre. Se la vita è piacevole per un periodo abbastanza lungo, la tua mente si acclimaterà e si aspetterà che duri per sempre; quando le cose diventano spiacevoli, la mente si ribella. Allo stesso modo, quando le cose sono estremamente spiacevoli, la mente tende a prevedere che la condizione durerà per sempre, il che crea ancora più sofferenza. La verità è che tutte le cose passano. Rimanere costanti nella pratica della meditazione è la chiave per la chiarezza interiore. La mente, alla fine, si arrenderà.

Chi sei tu per insegnare la meditazione? Penso che solo coloro a cui è stato dato il permesso di insegnare la meditazione da un insegnante di meditazione qualificato, attraverso una tradizione provata e vera, dovrebbero essere autorizzati a insegnare la meditazione.

Io non sono nessuno di speciale. O provi quello di cui parlo o non lo fai. Dipende tutto da te. In ultima analisi, sei responsabile della qualità della tua vita. Detto questo, molte volte le nuove invenzioni provengono da outsider. Considera che la teoria rivoluzionaria della fisica, la teoria della relatività generale, fu concepita da Albert Einstein, che, all'epoca, era un impiegato all'ufficio brevetti. La sua teoria fu decisamente respinta, all'inizio, perché non era considerato un'autorità in materia. Non aveva ricevuto il timbro di approvazione dei grandi nomi del settore. Il tempo, alla fine, gli ha dato ragione.

Nell'approccio TEM potresti trovare qualcosa di utile per te. Non potrai mai saperlo, se non esplorerai a fondo questo approccio.

Capitolo 14

Forma mentale della meditazione

Molti atteggiamenti sono inerenti allo stato delle onde cerebrali beta. Quando questi atteggiamenti emergono, tendono a mantenerci in uno stato di onde beta o a riportarci a esso. In questo capitolo discuteremo gli atteggiamenti più comuni che creano lotte durante le nostre sessioni di meditazione. Consapevoli dell'inutilità di questi atteggiamenti ed essendo ormai in grado di notarli, quando sorgono dentro di noi durante la meditazione e nella vita quotidiana, possiamo iniziare a trascenderli.

Quando sorgono atteggiamenti inutili, il nostro primo istinto può essere quello di giudicarci o di sentirci frustrati, ma nessuna delle due è una risposta utile. La cosa da tenere a mente sugli atteggiamenti è che essi derivano da percorsi neurali esistenti, il che significa che combatterli o aspettare che spariscano non è efficace, perché provengono dalla nostra biologia. I nostri cervelli stanno semplicemente facendo ciò che sanno fare meglio e, in molti casi, gli atteggiamenti che i nostri cervelli hanno imparato meglio vanno contro la consapevolezza e la salute.

La trascendenza di atteggiamenti malsani si verifica solo in seguito a un effettivo cambiamento nel cervello attraverso la neuroplasticità. Poiché il nostro obiettivo è quello di essere calmi, ma vivamente consapevoli, nelle nostre meditazioni, è fondamentale tornare alla calma consapevolezza, non importa cosa accade dentro di noi, perché solo raggiungendo quello stato non si rafforzano i modelli neurali malsani, mentre dormiamo. Al contrario, il cervello comincerà a rimuovere le risorse dai percorsi neurali malsani e ad assegnare tali risorse alla mappatura che permette la calma consapevolezza.

Nota bene: non importa cosa succede, basta puntare a tornare alla calma consapevolezza. Se si scopre di non essere in grado di tornare immediatamente alla calma consapevolezza, va bene. Punta solo a ritornarci il prima possibile. Praticare la calma consapevolezza in questo modo rende tale opzione sempre più disponibile, col tempo. Alla fine, la calma consapevolezza sarà l'opzione più potente che avrai, e quindi sarà il tuo modo di essere predefinito. Questo modo di essere vale il tempo necessario per raggiungerlo, e non importa quanto tempo ci vorrà. Basta continuare a farlo con perseveranza: succederà.

Perfezionismo

Anche se abbiamo già toccato questo argomento, credo che ci sia ancora molto da discutere sul perfezionismo. "La sto facendo bene?" è una delle domande che mi fanno più spesso, dopo che ho insegnato a meditare. Quando si inizia qualcosa di nuovo, è del tutto naturale sentirsi impacciati e dubitare della nostra performance.

Per dissipare ogni dubbio, spesso dico: "Ti senti così perché di sicuro non la stai facendo nel modo giusto. È impossibile che tu possa fare meditazione correttamente, perché non puoi *fare* meditazione. Una volta che avrai avuto sufficienti esperienze davvero meditative, inizierai a capire che la meditazione non sei tu a farla, perché la consapevolezza ha trasceso il senso del sé".

Ciò che ho appena affermato può sembrare vuoto o ripetitivo, ma in realtà non è niente del genere, perché sicuramente hai già avuto, nella tua vita, momenti in cui non avevi il senso del sé.

Un'esperienza ovvia in cui il sé può svanire è, ad esempio, quando viene effettuata una sessione di lavoro sul nostro corpo. Se durante una sessione di lavoro sul corpo si verifica un rilassamento sufficiente, potresti notare che c'è un intervallo di tempo durante il quale avverti solo la percezione sensoriale ma nessun pensiero. È una sensazione affascinante.

Inoltre, il senso del sé e del pensiero potrebbe scomparire quando stiamo facendo qualcosa di così intenso che non c'è tempo per l'attività mentale, come quando si pratica uno sport molto attivo o un videogioco, o durante l'arrampicata su roccia, il paracadutismo o il bungee jumping. Qualsiasi attività intensa può sopraffare la mente, portando a vuoti nel pensiero e all'assenza di sé. Un altro modo comune in cui il pensiero e il sé si acquietano è quando apprezziamo qualcosa profondamente. Prendiamo, ad esempio, una fragranza davvero inebriante. Quando una fragranza riempie il tuo essere, ti perdi nell'esperienza.

Ci sono molte possibilità, se desideriamo perdere il senso del sé e quindi sentire la vita più direttamente. Un profondo rilassamento, l'apprezzamento e l'intenso impegno in un'attività sono solo alcuni dei modi attraverso i quali abbiamo già sperimentato una perdita del sé. Se ci chiediamo perché apprezziamo una qualsiasi cosa di cui godiamo, potremmo scoprire che ciò che stiamo veramente apprezzando è la perdita del sé durante quella particolare attività.

Quando il sé svanisce, scopriamo che la vita è molto più vibrante e spaziosa. Vi troviamo una sorta di libertà che si rivela solo quando il senso del sé non è presente. La libertà che sentiamo è l'abbandono temporaneo della nostra mentalità abituale e dal bagaglio mentale/emotivo accumulato.

La vera meditazione è l'inclusione di vibrante, spaziosa libertà: l'assenza di sé. Quindi ripeto: "Non puoi fare meditazione". Sicuramente ci proverai, per un po', e sarà come dovrebbe essere. Continua a meditare e basta e, a poco a poco, potranno emergere intervalli sempre più grandi di non sé, momenti in cui non fai nulla e tuttavia la consapevolezza accade. Quando quelle esperienze di non-sé si verificheranno ripetutamente nella tua vita attraverso il processo di meditazione intenzionale, ti accorgerai che periodi di spaziosa "non-mente" emergeranno più di frequente, in modo spontaneo, anche durante la tua vita quotidiana. Accetta il fatto che, per un po' di tempo, continuerai a dubitare del tuo processo meditativo. Continua semplicemente a meditare, indipendentemente dal disagio o dal dubbio. Col tempo, tali preoccupazioni svaniranno in modo del tutto naturale.

Con un atteggiamento rilassato e perseverante, il senso del sé si attenuerà sempre di più e le tue meditazioni inizieranno a sembrare più naturali. Un giorno ti renderai conto che, anche quando avrai dei dubbi, questi non avranno più un effetto predominante sulle tue decisioni e azioni nel mondo, e questo è uno stato incredibilmente liberatorio che ti consentirà il sostentamento necessario per una vita sempre più vibrante e appagante.

Aspettative

A volte, quando medita per la prima volta, un individuo vive un'esperienza straordinaria e strabiliante che, almeno per un po', cambierà tutta la sua prospettiva sulla realtà. Invariabilmente, l'individuo emerge dall'esperienza assolutamente su di giri riguardo al valore della meditazione... ovvero fino alla successiva sessione di meditazione, che impallidisce al confronto. Di solito queste persone provano ancora e ancora, per diverse settimane o mesi, nella speranza di rivivere potenza di quella straordinaria meditazione, ma questa li elude. Spesso, entro pochi mesi da quella prima esperienza, l'individuo si arrende, frustrato. La frustrazione deriva da aspettative che non possono essere soddisfatte a causa della natura della meditazione.

Come insegnante di meditazione, conservo la speranza che un iniziato possa avere un'esperienza meditativa tangibilmente significativa, ma metto sempre in guardia le persone che hanno esperienze trascendenti all'inizio della pratica. Immagina come ti sentiresti se, durante la tua prima meditazione, sperimentassi per un po' di tempo un'assoluta, beata unità con l'universo, prima di tornare al tuo normale senso del sé. In tali circostanze, è naturale desiderare e persino bramare di tornare a quello stato di beatitudine. È del tutto comprensibile che si avverta un'enorme frustrazione quando, provando ancora e ancora nella speranza di tornare a quella condizione, ogni volta falliamo miseramente.

È facile capire perché potresti voler rinunciare, sotto l'influenza di un desiderio e di un'aspettativa così potenti. In effetti, questo è spesso ciò che accade.

In generale, le persone che hanno esperienze meno intense hanno maggiori probabilità di continuare con la pratica rispetto alle persone che hanno fatto gol il primo giorno. Sulla lunga distanza, la persona che fa atto di presenza ogni giorno può trarre dalla meditazione molti più vantaggi di quanto possa fare la persona che ha avuto una grande esperienza e poi smette. Sebbene la meditazione possa essere molto utile anche a breve termine, i maggiori dividendi si ottengono con una lunga pratica, perché il cervello ha bisogno di tempo per regolare i percorsi neurali e consentire una consapevolezza ancora maggiore.

Cosa c'è nelle aspettative che ci impedisce di meditare? Se definiamo la meditazione come l'esperienza dell'essere pienamente presenti, allora possiamo iniziare a capire perché le aspettative creino un blocco così potente. Dopo tutto l'aspettativa, per definizione, anticipa un risultato futuro basato sull'esperienza passata. Finché ci aggrappiamo alle aspettative, non potrà esserci una vera consapevolezza del presente. Pertanto, se nutriamo forti aspettative, anche se seguiamo esattamente le fasi del processo meditativo, non possiamo sperimentare l'essere presenti.

Uno dei grandi vantaggi della mente umana, rispetto alle menti di altri animali, è la sua capacità di crearsi obiettivi astratti. La nostra incredibile capacità di puntare al futuro è in parte ciò che ci ha permesso di dominare le risorse del pianeta fino a un tale livello. Tuttavia, per ogni vantaggio, c'è uno svantaggio uguale e opposto. La nostra capacità relativamente forte di pensare è ciò che ci impedisce di essere consapevolmente presenti, almeno fino a quando non iniziamo a trascendere il potere delle aspettative.

Contrariamente a quanto sembrerebbe logico, non possiamo riuscire a trascendere le aspettative, se proviamo a fermarle. Lo stesso tentativo di prevenire questo modo di pensare richiede un uso intensivo della mente, che si tradurrà in un forte stato di onde beta. Un cervello in onda beta non è in grado di sperimentare il presente.

Sebbene esistano molti modi per aggirare la mente e sperimentare il presente, la maggior parte di questi mezzi è ad alta intensità energetica e porta all'esaurimento, il che li rende opzioni poco pratiche nella vita quotidiana. Rilassare la mente nella consapevolezza è il mezzo più efficace per essere presenti, pur risparmiando energia. Rilassarsi nella consapevolezza presente richiede un atteggiamento di accettazione, anche verso le cose che possono rivelarsi spiacevoli... le aspettative, per esempio.

Combattere con le aspettative causerà solo più rumore mentale, più lotta e, al contrario, meno consapevolezza presente. Invece di combattere le aspettative, attenuale senza cercare di fermarle. Le aspettative sono dure per loro natura; quindi ammorbidirle solo un po' sposta la loro energia e la converte in qualcos'altro. Lo spostamento di energia può essere paragonato alla differenza tra le preposizioni *a* e *verso*. *A* è esclusivo, poiché elimina tutte le altre possibilità nel raggiungimento del suo difficile obiettivo. *Verso* è inclusivo, consente l'esplorazione, mentre si vaga lungo il percorso nella direzione generale della meta. Gli esseri umani moderni tendono a essere dipendenti da una mentalità *a*, mentre gli animali sono più inclini a impiegare una mentalità *verso*.

La differenza tra gli atteggiamenti mentali *a* e *verso* è facilmente visibile quando guardiamo una persona normale che porta a spasso un cane senza guinzaglio. La persona va direttamente alla meta lontana, mentre un cane tende a girovagare qua e là, annusando e godendosi le sensazioni del momento. Per meditare, avere lo spirito esplorativo del *verso* aiuta.

Non importa quanto straordinaria o difficile sia la tua esperienza passata e non importa quanto desideri un cambiamento, è saggio che tu ti eserciti ad attenuare le aspettative, perché non sono alleate della presenza.

Normalizzazione

Uno dei vantaggi della mente umana è la sua capacità di normalizzare le esperienze. La *normalizzazione* è il modo in cui la mente ci fa sembrare una cosa poco interessante, dopo averne fatto esperienza per un po'. La normalizzazione ha senso dal punto di vista della sopravvivenza, poiché fa sì che gli esseri umani siano sempre alla ricerca di nuovi territori e risorse. Se gli umani usassero continuamente le stesse piste e cacciassero esattamente negli stessi territori, alla fine priverebbero la terra della sua vitalità e morirebbero di fame.

Tuttavia, la normalizzazione presenta uno svantaggio che rischia di causare il caos nelle nostre vite. La normalizzazione alimenta la società dei consumi in cui viviamo. Considera come le persone spendono soldi inutilmente per acquistare una versione più recente di qualcosa che già funziona bene. Giustificheranno il nuovo acquisto indicando tutte le nuove caratteristiche di cui è dotato, ma in realtà potrebbero non aver effettivamente bisogno della nuova cosa, che invece vogliono e basta. Il problema è solo che il vecchio oggetto per la nostra mente ha perso *appeal*: la mente tende a desiderare qualcosa di nuovo e fresco perché questo ci fa sentire vivi. La tendenza non è molto diversa da quella di una tossicodipendenza. Ci fa sentire bene temporaneamente, ma, come impostazione predefinita, nel lungo termine ha un effetto negativo sulle nostre vite.

Se presti attenzione all'energia della normalizzazione mentre la vivi, non importa ciò che acquisti, tra non molto inizierà a sembrarti vecchio. Lo stesso processo di normalizzazione si verifica con il cibo consumato frequentemente: il nostro piacere e apprezzamento può iniziare a sbiadire, inducendoci a cercare gusti più estremi o insoliti.

Lentamente ma inesorabilmente, la normalizzazione ci fa aggiungere sempre più zucchero ai dolci, il che riduce la nostra sensibilità allo zucchero, per cui dobbiamo aggiungerne ancora di più per assaporare la dolcezza. Questa tendenza spiega i livelli dilaganti di obesità e diabete in tante società moderne. Molte di queste malattie derivano principalmente da una mancanza di consapevolezza sensoriale durante il processo inconscio di normalizzazione.

Non importa quanto sia sorprendente un'esperienza: se la fai abbastanza spesso, la mente inizierà a normalizzarsi nei suoi confronti... accade anche con il sesso. In effetti, la pornografia diventa sempre più estrema soprattutto a causa del desiderio di "nuove" esperienze che ci facciano sentire veramente qualcosa. Il bisogno di un'intensità sempre maggiore deriva dalla tendenza della mente a normalizzare l'esperienza e dal non essere in contatto con la consapevolezza.

La normalizzazione ha certamente uno scopo evolutivo, ma è uno dei maggiori ostacoli al processo meditativo, poiché la mente si stanca rapidamente di fare più volte la stessa cosa. Una definizione dello stato meditativo che mi piace molto è che la meditazione è una condizione che non si normalizza. Se l'esperienza a cui ti riferisci come meditazione si normalizza, per te, allora non stai effettivamente raggiungendo uno stato meditativo.

Il modo per iniziare a liberarti dagli aspetti inutili della normalizzazione è rinunciare all'idea di aver già fatto qualcosa. A tal fine, possiamo fare un piccolo gioco che ci aiuterà a superare questa tendenza inconscia.

Ogni volta che pratichi la Meditazione del Guerriero - o qualsiasi meditazione, del resto - immagina di essere uno spirito nuovo che è appena entrato nel tuo corpo. Immagina di non avere memoria di uno stato fisico prima di quel momento.

Dal punto di vista del tuo puro spirito, non conosci la paura. Non sai nulla di sopravvivenza, di tempo, di orari o del sé. Sebbene tu abbia accesso a tutti i ricordi del corpo in cui ti trovi, non li senti minimamente come tuoi, perché non ti ci identifichi. Li percepisci come se fossero i ricordi di qualcun altro. Sai come muovere il corpo e muoverti in base a quei ricordi, ma, da una posizione esperienziale, l'intero processo ti sembra totalmente nuovo ed estraneo.

A tutti gli effetti, sei totalmente estraneo alla fisicità. Essere nel regno fisico è perciò un'esperienza molto curiosa alla quale ti interessi profondamente. Da questo luogo di innocente curiosità, esplora i sensi in modo consapevole, percorrendo i passi della Meditazione del Guerriero.

- Occhi
- Orecchie
- Naso
- Bocca
- Corpo
- Consapevolezza sferica

Non pensarci troppo, è solo un gioco di ruolo, come se non sapessi assolutamente nulla del corpo o della fisicità. Giocaci e divertiti!

Volontà

Spesso apprezzata dalla società, la volontà è in contrasto con il processo meditativo TEM, poiché l'ostinazione deriva da uno stato cerebrale con onde beta elevate. Ovviamente, è logico che una società basata sulla produttività apprezzi un tale tratto, ma diventare dipendenti da una mentalità rialzista può impedirci di attingere alla consapevolezza più profonda che dà alla vita il suo colore e la sua vitalità. Se nelle nostre vite la volontà diventa uno stratagemma predefinito, causa sofferenza.

Con la meditazione, il trucco è seguire la regola del dieci per cento: "Non utilizzare più del dieci percento della tua attenzione per concentrarti su una qualsiasi cosa durante la meditazione". Ciò che la regola del dieci per cento significa veramente è che, mentre mediti, devi cercare di sforzarti il meno possibile. Naturalmente, man mano che col tempo il tuo cervello si abituerà alla meditazione, per meditare sarà necessario uno sforzo sempre minore. Alla fine, la meditazione sarà naturale come respirare.

In generale, essere energici non è il modo migliore per lavorare con qualsiasi essere vivente. Se parli energicamente con il tuo coniuge, probabilmente non andrà molto bene. Stessa cosa, se parli energicamente a un collega. Quando si addestrano gli animali, fare troppo affidamento sulla forza può spezzare il loro spirito. Contrariamente a quanto spesso viene insegnato, non stiamo cercando di spezzare lo spirito dell'ego durante la meditazione, perché quell'attitudine stessa proviene dall'ego. Il tentativo di fermare l'ego condannandolo è simile al cane che si rincorre la coda.

Il processo meditativo consiste, in buona parte, nell'attenuare l'ostinazione attraverso una consapevolezza sempre crescente. Poiché la forza in genere si muove contro il processo meditativo, a un certo punto della nostra pratica avremo bisogno di trovare un altro motivatore, un altro potere che ci muova.

Il segreto per trascendere la volontà durante la meditazione si trova nel giusto atteggiamento, che è fondamentalmente un' innocente e totalmente impegnata curiosità riguardo alla totalità di ciò che sta accadendo dentro e intorno a noi in quel momento.

Come coltiviamo questa curiosità innocente e totalmente impegnata? Quando vivevo in Giappone, mia moglie mi portò a visitare Mutsugoro-san, il famoso "uomo che sussurrava agli animali" giapponese. Mutsugoro-san aveva un grande appezzamento di terreno nelle montagne del Giappone, dove aiutava animali di ogni tipo a riprendersi da abusi e lesioni. Aveva un modo di comunicare con tutte le creature, anche con gli animali selvatici, con cui riusciva a trasformare i loro stati mentali aggressivi in altri più cooperativi. Vedere come funzionava bene il suo approccio si è rivelato estremamente stimolante.

Un documentario sul signor Mutsugoro lo mostra mentre visita un ranch turco, protetto dai lupi dai cani Kangal, grandi animali che appartengono a una razza per la protezione del bestiame. Uno dei cani era estremamente aggressivo verso gli estranei e pericoloso, quindi la famiglia lo teneva incatenato in una stalla, mentre gli estranei facevano visita.

Il signor Mutsugoro voleva visitare quel cane, ma la famiglia temeva che l'animale potesse attaccare lo sconosciuto. Egli assicurò alla famiglia che sarebbe andato tutto bene e, con il loro permesso, andò a vedere il cane con la sua troupe.

Non appena il signor Mutsugoro arrivò in vista del cane, questo lo affrontò in modo aggressivo, abbaiando, ringhiando e scoprendo i denti. Una grossa catena era l'unica cosa che impediva a quel potente animale di sbranare il signor Mutsugoro.

Appena oltre il suo raggio d'azione, il signor Mutsugoro assunse una posizione giocosa e iniziò a muovere rapidamente le mani intorno alla testa del cane in modo spensierato. Il cane cercò di dare qualche morso aggressivo, mancando di poco le mani del signor Mutsugoro, prima di passare lui stesso alla modalità di gioco. Con grande stupore di tutti, nel giro di un minuto Mutsugoro-san accarezzava il cane.

Quando pensiamo alla meditazione, tendiamo a immaginare un'attività seria ed estremamente disciplinata. Ma, di sicuro, tale concezione comporta, per molti individui, una grande resistenza mentale. Spostare il nostro atteggiamento verso una curiosità impegnata - come fece Mutsugoro-san - è il segreto per un processo di meditazione più fluido e piacevole per le persone contrarie all'approccio disciplinato.

Prima di iniziare la meditazione, nota lo stato del corpo e la condizione mentale. Se avverti che il corpo è pesante e la condizione mentale troppo tesa, allora è saggio cambiarli, proprio come ha fatto Mutsugoro-san con il cane. Con un po' di esplorazione e di pratica, il più delle volte potrai scoprire che anche tu sei in grado di passare a uno stato d'animo più leggero.

Il modo per effettuare questo cambiamento è fare una pausa, prima, e poi prendere nota di come ti senti, decidendo di attenuare la tua sensazione. Scegli semplicemente di essere più curioso di sapere dove sei, cosa stai facendo e come ti senti, e consenti alla tua postura di riflettere questa sensazione. La chimica del tuo cervello è fortemente influenzata dal modo in cui tieni il corpo; quindi, cambiando la postura, cambi anche lo stato emotivo.

Ci saranno momenti in cui passare alla curiosità attraverso la mera intenzione e postura potrà sembrarti impossibile; in tali casi, aggiungi semplicemente il numero di respiri vagali che fai durante la prima fase del processo meditativo, fino a quando il cambiamento non si verificherà naturalmente. La respirazione vagale ti porterà fuori dall'onda beta elevata, associata alla volontà, in un'onda alfa rilassata ma impegnata e cosciente.

Forma mentale della meditazione

Mentre esploriamo la meditazione da un luogo di curiosità impegnata, acquisiamo sempre più consapevolezza e fiducia nel processo e nella nostra capacità di fluire con la vita stessa. Con una pratica continua e impegnata, possono emergere l'ispirazione, la fiducia, la chiarezza e la gioia, che hanno poco a che fare con l'ego, la mente logica o i nostri risultati.

Questi nuovi poteri ci consentiranno di fare ciò che prima non credevamo possibile. Saremo più in grado di accettare la vita così come viene e di muoverci armoniosamente con essa, vedendo ogni momento come un'opportunità per impegnarci con la vita e fidarci ancora di più.

Falla semplice, divertiti e continua.

Capitolo 15

Gestire la resistenza mentale

Anche se la meditazione del guerriero è sorprendentemente facile da praticare, di tanto in tanto potremmo ancora trovarla difficile. Potremmo provare la tentazione di arrenderci, nei giorni difficili, ma questa è l'ultima cosa che dovremmo fare, perché arrendersi è come dire al cervello: "Se fai i capricci o ti annoi, smetterò di fare cose sane che ti fanno sentire a disagio."

Il cervello è sempre in cerca di conforto. Ciò che per il cervello è comodo è, di solito, ciò a cui è già abituato: vecchie abitudini di percezione, convinzioni limitanti e bagaglio emotivo normalizzato. Finché i modelli vengono conservati, non ci può essere alcun cambiamento positivo nel nostro modello cerebrale e, quindi, nessun cambiamento positivo nelle nostre vite. Mettere a disagio il cervello in modi utili, anche se solo per brevi periodi, è la chiave per migliorare la nostra qualità di vita.

Immaginiamo, quindi, che tu sia un principiante e che tu abbia deciso di sederti ogni mattina in meditazione a occhi aperti per quindici minuti: si tratta di un obiettivo forte. Immagina che intorno ai cinque minuti inizi a sentirti ansioso o annoiato e il tuo cervello brami un po' di sollievo. Forse vuole che tu mangi qualcosa, controlli i social media o la posta elettronica, bevi un drink o fumi, chiami qualcuno o accenda della musica: qualsiasi cosa che possa distogliere l'attenzione dalle sensazioni spiacevoli che il cervello sta provando. Invece di permettere al tuo cervello di scappare, resta seduto lì per il resto della sessione, cercando di essere consapevole dello spazio.

Se devi agitarti, fallo, ma cerca di agitarti sempre meno mentre stai lì seduto. Basta essere lì, senza possibilità di fuga. Affronta il disagio e non preoccuparti di come ti senti durante il periodo di meditazione. Invece, nota come ti senti dopo la meditazione e durante il resto della giornata.

Quello che scoprirai, con un po' di esperienza, è che affrontare il disagio in realtà ti dà potere! E, con questa realizzazione, inizierai a cercare attivamente ciò che sfida la tua capacità di meditare, in modo da poter sfidare il tuo cervello.

Quando inizi ad affrontare il disagio, le tue definizioni di disagio inizieranno ad ammorbidirsi: ciò che prima era la causa scatenante e ti allontanava dalla consapevolezza diventa meno impegnativo. Sarai in grado di gestire quelli che prima erano fattori di stress con facilità e grazia, man mano che il tuo cervello diventa più aperto e flessibile.

Potresti iniziare a notare che sei più in grado di rimanere calmo e chiaro in situazioni di emergenza che prima causavano il panico. E questa capacità cambierà il modo in cui ti vedono le altre persone.

Applicando questo approccio, inizierai abbastanza naturalmente ad apparire agli altri come un leader forte. Di conseguenza, la tua vita sociale potrebbe iniziare a cambiare in meglio, poiché abbraccerai nuovi ruoli, responsabilità e sfide, e aiuterai gli altri a fare lo stesso.

Alcuni sintomi del fatto che il tuo cervello cerca di evitare il processo di meditazione sono: il pensiero incessante, impulsi e compulsioni apparentemente travolgenti, annebbiamento del cervello (in cui ti sembra di dimenticare ciò a cui stai cercando di prestare attenzione), narrazioni interiori sulla tua autostima (positiva o negativa) e sentimenti di scoraggiamento e dubbio.

Tieni presente che il cervello tende a pensare che, qualunque cosa stia provando ora, durerà per sempre, e quell'illusione crea gran parte del nostro senso di disagio. Tutti questi sintomi di evitamento sono illusioni che bloccano la consapevolezza, se permetti loro di prendere il sopravvento. Se cambiamo semplicemente atteggiamento nei confronti del disagio, la nostra reazione psicologica ci fornisce una mappa perfetta per la nostra trasformazione interiore. Ad esempio, potresti notare che il tuo cervello ha paura degli spazi piccoli e chiusi. La paura, in effetti, ti informa del prossimo passo che devi fare verso una vita più sana: meditare in spazi sempre più piccoli e sempre più chiusi, finché il tuo cervello non sarà completamente rilassato e aperto a quell'esperienza. Ma, quando ci riesci una volta, non dare per scontato che il cervello abbia completamente digerito la trasformazione. Sfida la stessa paura più volte, in diverse occasioni e in diversi contesti, in modo che il tuo cervello possa trasformare completamente la paura in consapevolezza.

Affrontare le paure in questo modo è ti dà un potere incredibile. Quello che probabilmente scoprirai, nel processo di gestione e superamento di una paura o fobia, è che vincerla ha un effetto positivo a cascata nella tua vita, aprendo nuovi potenziali e abilità che non sapevi di avere.

I percorsi neurali del cervello sono collegati per associazione; quindi, con ogni paura o fobia possono verificarsi innumerevoli interconnessioni tra i sentimenti e le esperienze associate. Queste associazioni possono avere l'effetto inaspettato di sopprimere alcune capacità che, in superficie, non sembrano essere correlate alla paura, perché nel cervello quelle capacità sono collegate alla paura o alla fobia attraverso percorsi indiretti. Una volta che i percorsi neurali che supportano la paura o la fobia muoiono, quelle aree precedentemente connesse vengono liberate, per associarsi in nuovi modi. Potremmo scoprire di pensare in modo più chiaro e di essere più fiduciosi.

Ad esempio, all'improvviso, dopo aver superato la paura degli ascensori, potresti scoprire che non hai più paura di chiedere di uscire a quella persona che hai evitato per così tanto tempo, anche se hai pensato a lei quasi costantemente. Ti senti semplicemente ispirato a farlo e lo fai, e di conseguenza la tua intera vita cambia. Oppure potresti finalmente trovare il coraggio di parlare con il tuo capo di quell'aumento che senti di meritare, e lo fai.

Potresti scoprire di essere in grado di fare cose che in precedenza pensavi di non poter fare. Inoltre, potrebbero improvvisamente emergere talenti prima sconosciuti.

Una nuova fiducia trasforma le tue relazioni, liberandoti da energie codipendenti come la territorialità, le aspettative, i falsi obblighi e la disperazione. Potresti scoprire di essere molto più presente nelle tue relazioni, il che consente loro di prosperare e diventare più coinvolgenti di quanto non sarebbe mai stato possibile se fossi stato ancora motivato da attaccamento, territorialità, aspettative e falsi obblighi.

Aumentare la consapevolezza dei bambini consentirà loro di essere individui ispirati, emotivamente stabili, forti, indipendenti e altamente capaci: persone che ti piacerebbe avere intorno. Allo stesso modo, gestire un'attività da un luogo di profonda consapevolezza contestuale fornirà le maggiori opportunità possibili per il successo a lungo termine, poiché per i tuoi dipendenti, partner, eccetera sarà un piacere lavorare con te.

Tutto inizia semplicemente rimanendo consapevole, anche quando il tuo cervello vuole fuggire. Sì, è probabile che il cervello riempia il tuo schermo mentale con diverse immagini e narrazioni scomode sul tuo passato e futuro, su chi sei e quanto vali o non vali. Sappi che non c'è alcun vantaggio nel credere a quei pensieri e sentimenti; se, semplicemente, non credi a quelle proiezioni mentali, scopri che non c'è più bisogno di lottare contro di loro.

Quando noti che la mente inizia a giocare a quei giochi manipolativi, riporta semplicemente la tua attenzione al processo meditativo. All'inizio c'è una forte possibilità che tu possa credere a quelle immagini e narrazioni, e va bene, perché questo è probabilmente ciò a cui è abituato il tuo cervello. Sappi solo che sia credere sia combattere le narrazioni della mente alimenta lo schema esistente.

Le immagini e le narrazioni non sono la verità su di te. Sono, invece, solo il modello stabilito del tuo cervello e le proiezioni che quel modello è obbligato a esprimere per abitudine. Sappi che queste abitudini ti stanno limitando, ma sappi anche che puoi avere potere su di esse semplicemente non nutrendole. Perché, se un percorso neurale non viene rinforzato dalla tua attenzione, il cervello toglierà risorse da quel percorso e le assegnerà a qualsiasi cosa cui stai invece prestando attenzione. Se stai praticando la TEM, la tua attenzione potrebbe dare potere a una consapevolezza equilibrata, ampia e contestuale.

Quindi, quando noti che il cervello riproduce vecchi schemi, fermati, prendi nota di ciò che sta accadendo e ritorna alla consapevolezza spaziale. Questo è il modo più efficiente per indebolire il vecchio schema e stimolare il cervello a costruire un modello più consapevole e funzionale.

Il nostro cervello potrebbe non offrirci sempre esperienze piacevoli; ma vivere secondo ciò che è piacevole o spiacevole, secondo ciò che ci piace o non ci piace, è quello che ci ha ampiamente limitati. La soluzione è abbracciare ciò che è sano e necessario, anche se è scomodo o il nostro cervello ci dice che è spiacevole.

La chiave per massimizzare la capacità di modificare il nostro cervello attraverso la neuroplasticità si trova nell'applicazione quotidiana e cosciente della nostra attenzione verso i cambiamenti che desideriamo apportare alla nostra vita. Anche solo pochi minuti al giorno di attenzione dedicata alla consapevolezza possono avere, col tempo, un profondo impatto sul nostro cervello.

Quando siamo consapevoli che il cervello cambia, come risultato dell'uso che facciamo dell'attenzione, diventiamo padroni della nostra trasformazione interiore, poiché siamo in grado di avere una gamma più ampia di opzioni in risposta a una qualsiasi condizione specifica. Non importa se la condizione è interna, come le narrazioni malsane che il cervello genera in base al suo schema attuale, o esterna, come un risultato di vita inaspettato o una persona incorreggibile. Possiamo apportare al nostro cervello cambiamenti produttivi che alterino positivamente il modo in cui percepiamo i fattori di stress e le nostre reazioni a essi.

Il segreto della trasformazione interiore si trova, in realtà, nella consapevolezza dell'atteggiamento abituale del nostro cervello verso ciò che accade dentro e fuori di noi. Uno spostamento attitudinale da "Questo non dovrebbe accadere" a "Questo è esattamente ciò che sta accadendo, e il mio atteggiamento verso di esso è la mia opportunità di trasformazione" è la chiave della trasformazione interiore.

Quello che probabilmente scoprirai è che ogni circostanza arriva accompagnata da una narrazione interiore, uno schema cerebrale che potrebbe causare indebite sofferenze a te o ad altri. Non importa se si tratta della rottura inaspettata di una relazione, di una perdita negli affari o della morte di qualcuno che ami, perché la forma della sofferenza è meno importante dell'atteggiamento che assumiamo nei suoi confronti.

Ad esempio, il cervello può lamentarsi: "Perché mi ha lasciato? Pensavo fosse la mia anima gemella." Ciò che il cervello sta effettivamente dicendo verrebbe tradotto più accuratamente come: "Pensavo di possederla. Dovrebbe essere mia. Ho bisogno di lei per essere felice", che è una narrazione estremamente debole e codipendente. Molte delle nostre aspettative sulle relazioni sono solo proiezioni mentali che riflettono una profonda insicurezza interiore legata alla nostra autostima.

Scopriremo di vivere molto meglio con l'atteggiamento secondo cui scegliamo di stare con qualcuno in ogni momento nel quale siamo con lui/lei, e lui/lei sta scegliendo di stare con noi, e che va bene per entrambe le parti scegliere di non essere in quella relazione in un qualsiasi momento. Non credere alle proiezioni malsane della mente è la chiave e, quindi, scegliere atteggiamenti più sani è il percorso per una mente sana e per la libertà nella meditazione.

Capitolo 16

Sviluppare la flessibilità

Come accade con qualsiasi meditazione, anche la TEM può diventare una prigione se la pratichiamo allo stesso modo ogni volta, perché il cervello cerca sempre di creare un'abitudine, in modo da non dover essere consapevole. Stando così le cose, uno degli scopi principali della TEM è quello di espandere il cervello e mantenerlo flessibile, sintonizzando anche la consapevolezza sul tuo essere interiore più profondo e più vero, in modo che tu possa rimanere in contatto con quell'essere interiore durante le attività quotidiane. Se ti fai modellare eccessivamente da una qualsiasi forma di meditazione, il tuo cervello non avrà la flessibilità per rimanere consapevole durante la vita quotidiana attiva.

In questo capitolo esploreremo modi flessibili per praticare la meditazione del guerriero rompendo lo schema. L'idea di rompere lo schema si adatta alla fase Ha dello Shuhari, la progressione naturale dell'apprendimento. Nella fase Ha, vogliamo cambiare il modello di allenamento nel maggior numero di modi possibili, così da familiarizzare con nuove possibilità e nuove applicazioni.

Una volta che abbiamo appreso l'ordine di base della Meditazione del Guerriero e siamo in grado di entrare sistematicamente in uno stato alfa cosciente, è saggio cambiare intenzionalmente l'ordine dei passi della meditazione, il tempo che intercorre tra ogni passaggio, il modo in cui ci sediamo, stiamo in piedi o ci muoviamo durante la meditazione e via dicendo, per impedire al cervello di sviluppare un modello neurale rigido. Il risultato è un cervello altamente consapevole, flessibile e sano.

Il primo schema da rompere ha a che fare con i nostri occhi. Se, ad esempio, pratichiamo quotidianamente la Meditazione del Guerriero per mesi e mesi con gli occhi aperti, come consiglia la pratica più elementare, avremo senza dubbio compreso che possiamo meditare facilmente con gli occhi aperti, ma potremmo rimanere sciocccati scoprendo che non siamo in grado di meditare con gli occhi chiusi, grazie all'associazione recentemente stabilita dal cervello tra meditazione e occhi aperti.

Potrebbe sembrare illogico che ci riesca più facile meditare con gli occhi aperti piuttosto che con gli occhi chiusi; ma, a parità di condizioni, ciò che è facile per noi dipende in gran parte da come pratichiamo. Il cervello umano si modella allo stesso modo del cervello di un cane, attraverso l'associazione. Se, ad esempio, addestriamo un cane a sedersi in casa, potremmo essere sorpresi di scoprire che il cane non obbedisce al comando di sedersi quando è fuori. Il cane non è necessariamente disobbediente, anche se possiamo essere pronti a presumere che sia così.

Ciò che accade in tali circostanze è che il cervello del cane associa il comando di sedersi con l'essere in casa. Quando usciamo, il cervello non possiede il giusto contesto per accedere al percorso neurale del sedersi, quando pronunciamo il comando; quindi il cane è confuso.

Per vincere questa sfida, dobbiamo impartire nuovamente il comando "seduto" quando il cane è fuori casa, finché il cervello del cane non creerà la nuova associazione. Potremmo anche scoprire che dovremo nuovamente addestrarlo quando saremo fuori dalla nostra proprietà, a casa di qualcun altro e così via. Dopo aver interrotto lo schema del sedersi all'interno e averlo variato applicandolo in altre situazioni per un numero sufficiente di volte, il cervello acquisirà flessibilità riguardo al concetto di *seduto*, e quindi il cane potrà sedersi a comando ovunque.

Proprio come con il cervello del cane, dobbiamo insegnare al nostro cervello a comprendere il significato generale della meditazione, in modo da poterla praticare facilmente ovunque e in qualsiasi circostanza. Una volta che ti sarai abituato alla Meditazione del Guerriero e sarai in grado di entrare sistematicamente in uno stato meditativo con questo metodo, dovrai imparare a praticarla con gli occhi chiusi. Per raggiungere questo scopo, possiamo usare i passaggi di base della Meditazione del Guerriero.

Segui i sei passi della Meditazione del Guerriero, ma dedica solo un minuto a ogni passo: occhi, orecchie, naso, bocca, corpo, consapevolezza sferica. Una volta che hai completato tutti i passaggi e sei in un profondo stato di meditazione, prova a chiudere gli occhi e a mantenere la sensazione di espansione. Se, in qualche modo, quando chiudi gli occhi ti senti più piccolo, significa che stai uscendo dallo stato di meditazione. In tal caso, apri semplicemente gli occhi e riconnettiti con la sensazione di espansione. Una volta ristabilita la consapevolezza meditativa, prova nuovamente a chiudere gli occhi. Ripeti il processo finché non senti una transizione senza soluzione di continuità tra la meditazione a occhi aperti e quella a occhi chiusi.

Non dare per scontato, tuttavia, che il cervello abbia già completato l'associazione. Il giorno successivo, quando pratichi la meditazione, accertati di provarla con gli occhi chiusi, per vedere come reagisce il cervello. È probabile che, per rafforzare la nuova associazione, dovrai ripetere alcune volte la preparazione della transizione.

Una volta diventato ugualmente competente con entrambe le opzioni (occhi aperti e occhi chiusi), cambia tipo di meditazione ogni giorno: a volte, falla con gli occhi aperti all'inizio della pratica di meditazione; alte volte, aprendo gli occhi quando sei più avanti nelle fasi della meditazione. Come ho detto, vogliamo giocare con la Meditazione del Guerriero in quanti più modi e in quante più situazioni possibili, così che il cervello impari a consentire la meditazione in qualsiasi momento e in qualsiasi circostanza.

Tenendo presente la flessibilità, una volta che sei in grado di meditare costantemente mentre sei seduto, inizia a praticare la meditazione da una posizione eretta. Una volta che sei bravo a stare in piedi, mettiti seduto nel mezzo della meditazione, o viceversa. Prova a meditare mentre cammini, poi mentre fai jogging, poi mentre corri. Provala mentre nuoti o fai sollevamento pesi. Prova a farla mentre ti dedichi ai tuoi hobby. Provala durante una conversazione, che è una delle sfide più difficili per i principianti.

Se, mettendoti alla prova in questi vari modi, noti che stai ricadendo in uno stato non meditativo, cioè in onde beta, abbassa un po' il livello della sfida, finché non sei di nuovo saldamente in uno stato cosciente di onde alfa. Una volta tornato in alpha, mettiti di nuovo alla prova. Potrebbero essere necessari diversi tentativi per vincere la sfida, come ad esempio alzarsi da una posizione seduta a una posizione eretta durante la meditazione, ma il risultato vale lo sforzo.

Intoppi e fallimenti sono una parte naturale e necessaria dello sviluppo di qualsiasi abilità o capacità. In molti anni di insegnamento ho scoperto che, con la pratica e la pazienza, tutti ci arrivano. La cosa più importante da tenere a mente è che il cervello deve fallire, prima di poter affinare una qualsiasi capacità. Non preoccuparti di quanti tentativi sono necessari per vincere una sfida. Goditi il processo e basta.

Con un atteggiamento positivo verso le sfide, scoprirai che non c'è niente che tu non possa fare, mentre sei in stato meditativo, a parte mentire egoisticamente, imbrogliare o mantenere schemi emotivi e mentali negativi. Dobbiamo sacrificare qualcosa, per essere consapevoli e sani.

Capitolo 17

Mappe mentali e fasi della competenza

La meditazione, a differenza di quasi tutte le altre attività umane, in realtà non richiede un accumulo di conoscenze, come avviene per altri processi di apprendimento, sebbene ci sia certamente una curva di familiarità, quando iniziamo la pratica. La meditazione, in realtà, riguarda l'entrare in contatto con la consapevolezza e la trascendenza della nostra resistenza alle sfide interne ed esterne: l'accettazione.

Il cervello è un organo ad alta intensità energetica. Per la persona normale, con una dieta di 2000 calorie al giorno, il cervello brucerebbe circa 300 di quelle calorie. Per risparmiare energia, il cervello cerca di fare di meno. Per cambiare il cervello, occorre molta energia; quindi, di default, il cervello in una certa misura resiste al cambiamento.

Gli individui saggi stanno attenti a non permettere al cervello di diventare troppo resistente, poiché, in molte circostanze, la tendenza "pigra" del cervello a resistere a nuove prospettive può essere più dannosa che utile, se lasciata incontrollata.

Abbiamo tutti tre mappe mentali primarie che forniscono un'impalcatura alla nostra percezione. Queste mappe ci danno un senso familiare dei nostri valori: chi siamo e qual è il nostro posto nella società. Sorprendentemente, se la tendenza pigra del cervello non viene controllata, poco importa che le mappe interne siano molto accurate o meno, perché il cervello cercherà principalmente di risparmiare energia. Mantenere le mappe esistenti è comodo per il cervello, mentre cambiarle è stressante. Se non viene controllato, il cervello sceglierà sicuramente il comfort.

Ecco le tre mappe principali della mente:
1. Immagine di sé: come ci vediamo
2. Condizione sociale: cosa si aspettano gli altri da noi
3. Convinzioni: ciò che crediamo sia vero

Quando veniamo concepiti e siamo ancora nel grembo materno, non abbiamo un cervello. In questa fase iniziale dello sviluppo cellulare, un processo chiamato "metabolismo cellulare" serve a separare i nutrienti dalle tossine, in modo che le cellule possano crescere e replicarsi in sicurezza.

Una volta che il corpo sviluppa un sistema digestivo, lo stesso principio si applica al processo gastrointestinale. Le cose diventano instabili quando l'individuo sviluppa un senso di sé, poiché il senso di sé può discostarsi dalla separazione nutriente-tossina e assegnare valore e concentrarsi, invece, sul piacevole e sullo spiacevole, spesso fornendo come risultato una scelta che privilegia il comfort alla salute. Al cervello non importa molto che ciò che è piacevole possa essere tossico o ciò che è spiacevole possa essere nutriente, perché sta fondamentalmente cercando di mantenere un modello neurologico confortevole, in modo da non dover prestare attenzione, che è un'attività che consuma molte energie.

In questa fase di sviluppo, il cervello è tipicamente meno interessato ai fatti o alla verità che non a mantenere le proprie mappe mentali, motivo per cui la maggior parte delle persone è generalmente meno interessata ai fatti o alla verità di quanto non sia interessata al rafforzamento delle proprie attuali prospettive e convinzioni.

Ancora una volta, poiché il cervello sta cercando di risparmiare energia, la sua tendenza principale è quella di resistere a tutto ciò che non rientra nel suo attuale set di mappe mentali. Ecco perché tendiamo a provare ansia o frustrazione quando le nostre mappe non coincidono con la realtà.

La tendenza a resistere non dovrebbe essere condannata. Tuttavia, per gli individui che cercano di migliorare la qualità fondamentale della loro vita, è estremamente vantaggioso essere consapevoli della tendenza del nostro cervello a rifiutare il cambiamento, perché solo quando siamo consapevoli di questa tendenza siamo anche in grado di sfidarla, al momento opportuno.

Se prestiamo attenzione, notiamo che le persone spesso fanno cose che sanno essere malsane. Notiamo anche che le persone tendono a non fare cose che sanno essere salutari, preferendo invece tutto ciò che è divertente o comodo. Sappiamo tutti che l'esercizio ci fa bene, ma preferiremmo non farlo. Potremmo sapere che il fumo non è salutare e può causare morte prematura e malattie, ma molti fumatori continuano imperterriti. Potremmo sapere che la meditazione è una pratica vitale per la nostra salute e il nostro benessere, ma potremmo non riuscire a continuare. Il motivo è che la salute potrebbe non essere il valore principale della nostra mente. La priorità consiste nella manutenzione delle mappe attuali, perché ci sentiamo al sicuro quando ci sentiamo a nostro agio. Lo scostamento dal familiare mette molto a disagio.

Conosciamo tutti persone testarde e infelici che preferirebbero morire piuttosto che rinunciare alla loro attuale percezione di sé. A prima vista, potremmo pensare che quelle persone sono stupide; in realtà non è necessariamente una questione di intelligenza, poiché molte persone geniali cadono nelle stesse trappole cerebrali.

La seconda mappa mentale è quella relativa alla condizione sociale. Noi esseri umani, essendo creature sociali, tendiamo a essere molto sensibili al modo in cui gli altri ci vedono. Potremmo cercare di essere all'altezza delle altrui aspettative su di noi. Molte crisi di mezza età hanno origine dal tentativo di vivere le nostre vite in base a come le altre persone pensano che dovremmo viverle, sposando qualcuno che non ci si addice o scegliendo una carriera che si rivela insoddisfacente. Altri ancora tra noi stanno cercando disperatamente di essere apprezzati, il che probabilmente li spronerà a creare false immagini di sé stessi, nella speranza di ottenere l'approvazione. Tutti questi impulsi derivano dalla ricerca di ciò che è piacevole e dal rifiuto di ciò che è spiacevole.

La terza mappa mentale si concentra su ciò che crediamo sia vero. Questa mappa è costituita interamente dalle convinzioni e ideologie che ci sono familiari. Queste ideologie e convinzioni potrebbero comprendere politica, religione, spiritualità, filosofia e persino teorie scientifiche che sono comunemente accettate, ma che non siamo interessati a mettere in discussione: l'antitesi del metodo scientifico.

Vivere secondo queste mappe può portarci alla depressione e all'ansia, quando la realtà ci colpisce in faccia o quando guardiamo noi stessi in modo onesto. Quando ci guardiamo, potremmo vedere che le nostre mappe non sono corrette e che sono state così per la maggior parte delle nostre vite. Ad esempio, potresti sentirti profondamente depresso, dopo un divorzio, perché senti di aver sprecato vent'anni della tua vita con quella persona. L'atteggiamento stesso può facilmente portarci a una crisi psicologica; ma, se, dopo aver appreso le lezioni che il matrimonio ci ha offerto, andassimo semplicemente avanti con le nostre vite non c'è motivo per cui il divorzio debba portare a ulteriore negatività... a meno che, ovviamente, non si abbia alcun desiderio di imparare dalle proprie esperienze.

Quando guardiamo in profondità e notiamo che nella nostra vita c'è qualcosa che non va, è probabile che ci sentiamo molto a disagio. Potremmo iniziare inconsciamente ad associare l'onesta osservazione di sé alla paura, e quindi saremmo meno inclini a guardare di nuovo. In realtà, sono la lunga mancanza di osservazione e la vita che abbiamo costruito attorno alle nostre false percezioni che ci causano dolore. Inoltre, quando scegliamo finalmente di guardare, l'atteggiamento negativo che assumiamo può alimentare vergogna, senso di colpa, biasimo, dubbio e ogni altra proiezione mentale o emotiva inutile.

In verità, guardare è il primo passo per correggere la nostra vita, ma dobbiamo guardare con discernimento, non con condanna. Non sei il tuo passato. Se vivi nella consapevolezza, la tua vita è nuova ogni giorno. Quando viviamo concentrandoci sul passato, ci sentiamo come se la consapevolezza fosse da temere. Se temiamo la consapevolezza, il nostro sviluppo interiore si arresterà, poiché non saremo in grado di valutare onestamente le nostre vite.

Ora che abbiamo familiarità con le tre mappe mentali, possiamo iniziare ad apportare modifiche salutari a quelle mappe grazie alla nostra nuova consapevolezza.

Avendo ben presente uno sviluppo sano, ecco le quattro fasi della competenza che dobbiamo attraversare, quando le nostre mappe interiori sono in fase di cambiamento. Quando le cose diventano spiacevoli, essere consapevoli delle quattro fasi della competenza può impedirci di abbandonare il processo di apprendimento.

La psicologia moderna descrive le quattro fasi della competenza come segue:
1. Incompetenza inconscia - intuizione sbagliata
2. Incompetenza conscia - analisi sbagliata
3. Competenza conscia - analisi corretta
4. Competenza inconscia - intuizione corretta

Incompetenza inconscia

In questa fase potremmo non riconoscere un deficit di competenza né capire come fare a correggerlo. In effetti, potremmo anche sentirci inclini a negare la nostra incompetenza o l'importanza della conoscenza che potrebbe correggere l'incompetenza.

Per passare alla fase successiva dell'apprendimento, che è l'incompetenza conscia, l'individuo deve riconoscere la propria disfunzione e il valore della nuova conoscenza. Il tempo necessario per affrontare questa fase dipende dalla consapevolezza e dal livello di resistenza dell'individuo nei confronti della conoscenza, una volta resosi conto che esiste tale conoscenza.

L'incompetenza inconscia potrebbe essere paragonata allo stato di innocenza infantile o allo stadio di ignoranza volontaria, a seconda che non abbiamo conoscenza o che abbiamo una falsa conoscenza che ci dà conforto.

Per avere un'idea della falsa conoscenza che ci consola, pensa a come si sentono i bambini riguardo alla storia di Babbo Natale. I bambini tendono ad amare l'idea che Babbo Natale arrivi ogni vigilia di Natale per portare loro dei regali. Ora considera cosa provano i bambini quando vengono informati che Babbo Natale non esiste. Quando i bambini scoprono che Babbo Natale non è reale, tendono a sentirsi scioccati, imbarazzati e depressi. Fino a quando non vengono indotti ad abbandonare la falsa percezione, attraversano un periodo di negazione L'esperienza di essere ingannati dai loro genitori, e poi di essere presi in giro per la loro stupidità, può far loro perdere la fiducia nelle persone che hanno instillato la falsa convinzione.

Se fosse socialmente accettabile, molti bambini probabilmente continuerebbero a credere in Babbo Natale anche dopo che gli è stato detto che non era reale, perché la storia di Babbo Natale li faceva sentire così bene. In gran parte, sono la pressione e il giudizio della società che stimolano un bambino ad abbandonare la credenza in Babbo Natale.

Prima che la nostra incompetenza venga scoperta, di solito siamo inconsapevoli di tale incompetenza e della nostra mancanza di conoscenza. Semplicemente non sappiamo quello che non sappiamo: è naturale. Sebbene la mancanza di competenza limiti la nostra funzionalità nel mondo, non conosciamo ancora i nostri limiti o le possibilità che potrebbero venirci aperte acquisendo nuove conoscenze.

A un certo punto siamo esposti a nuove informazioni che dimostrano la nostra mancanza di conoscenza o di capacità. Dimostrando che la nostra prospettiva attuale è in qualche modo limitata, l'esposizione sfida il modello esistente del nostro cervello.

Incompetenza conscia

Una volta che l'individuo riconosce la propria incompetenza e il valore della nuova conoscenza, si trova nella fase dell'incompetenza conscia (Shu), dove l'individuo non capisce né sa come fare qualcosa, ma mira a correggere il deficit.

In questa fase è necessario commettere errori, nel tentativo di acquisire la nuova abilità o conoscenza. Lo stadio dell'incompetenza conscia è uno stadio scomodo per il cervello e può durare per parecchio tempo, a seconda di quanto sia difficile acquisire la nuova capacità o conoscenza. In questa fase, c'è ancora il pericolo che il cervello rifiuti la nuova conoscenza, se questa sembra essere troppo impegnativa.

Ogni volta che abbandoniamo una vecchia convinzione o immagine di noi stessi e cerchiamo di acquisire una nuova abilità, conoscenza o prospettiva, il nostro cervello riscrive le nostre mappe mentali. Nel lungo termine, sfidare il cervello riscrivendo le mappe mentali secondo le migliori informazioni possibili è molto più sano, perché, quando non riusciamo a riscrivere quelle mappe interiori secondo la realtà, stiamo dicendo al nostro sistema nervoso e al nostro cervello che non siamo abbastanza forti per affrontare una verità che è psicologicamente debilitante.

Quando la realtà non è in linea con le nostre mappe mentali, ma scegliamo di mantenere le nostre mappe, dobbiamo necessariamente allontanarci dalla consapevolezza. Il risultato dell'allontanamento dalla consapevolezza è l'ansia a lungo termine e lo squilibrio a livello del sistema nervoso. La paura prende il sopravvento sulle nostre vite e ci porta fuori strada, cosa che può facilmente portare a una crisi di identità più avanti nella vita.

Anche se all'inizio può essere scomodo, la soluzione è ammorbidire le nostre convinzioni e aprirci a nuove prospettive. È probabile che, quando siamo al livello di incompetenza conscia, ci sentiamo estremamente a disagio, come se cercassimo di lavarci i denti con la mano non dominante. Ma quell'imbarazzo è un segno che il cervello sta lottando per diventare flessibile e consapevole. A lungo termine, sfidare il cervello in questo modo consente al sistema nervoso di rilassarsi, perché ora sta ascoltando il messaggio: "Sono abbastanza forte da superare il disagio e la paura".

Competenza conscia

Una volta che decidiamo di abbracciare la nuova conoscenza e di mettere da parte la nostra vecchia prospettiva, possiamo iniziare a imparare davvero, il che ci porta alla terza fase dell'apprendimento, la competenza cosciente (Ha).

In questa fase comprendiamo come fare qualcosa, ma una corretta esecuzione richiede concentrazione. Ad esempio, se stessimo imparando a ballare, in questa fase potremmo ballare, ma, facendolo, dovremmo stare attenti per essere sicuri che i piedi facciano la cosa giusta, che siamo a tempo, che stiamo seguendo lo schema di ballo correttamente, eccetera. Le nostre capacità, in questa fase, sono davvero delicate, perché anche distrazioni relativamente piccole possono scoraggiarci.

Competenza inconscia

A un certo punto della nostra pratica, lo sforzo scomparirà e la danza sarà del tutto naturale. Questa naturalezza riflette lo stadio finale, che è la competenza inconscia (Ri). In questa fase possiamo mettere alla prova le nostre abilità anche sotto forte pressione, perché non dobbiamo pensare a come usarle: sono diventate "una seconda natura".

Il principio di accettazione

La capacità di ammorbidire le nostre mappe mentali in modo da essere aperti a cambiamenti benefici è vitale per il processo meditativo. Fondamentalmente, stiamo parlando di un atteggiamento di accettazione. Direi che non ci può essere meditazione senza accettazione, perché fondamentalmente la meditazione è l'esperienza diretta della non resistenza, che si traduce in una chiarezza rilassata. Pertanto, la meditazione non è possibile fintanto che combattiamo per proteggere le vecchie percezioni.

Molto di ciò che abbiamo già esplorato ha rivelato i limiti delle attuali mappe mentali del lettore. Il pericolo è principalmente per quei lettori che sono esperti di altre forme di meditazione, che potrebbero chiedersi: "Chi è questo tipo, per contraddire il mio insegnante, la mia tradizione?"

Non fidarti di me. Non sono un'autorità. Non fare affidamento sui tuoi insegnanti o sulla tua tradizione. Fidarsi ciecamente vuol dire usurpare la tua responsabilità di esplorare la vita completamente e vedere di persona. E se sei chiuso a nuove prospettive, allora perdi l'accettazione, il che limiterà notevolmente le tue meditazioni.

Quando si impara qualcosa di nuovo, è utile mettere da parte - almeno temporaneamente - tutte le nozioni precedenti, in modo da poter sperimentare onestamente il nuovo approccio. Se proviamo un sentimento negativo verso qualsiasi informazione che sfidi le nostre attuali mappe interiori, non possiamo avere un'esperienza onesta, il che significa che abbiamo dato un giudizio affrettato sul nuovo, prima ancora di averlo veramente sperimentato.

Anche se mettessimo temporaneamente da parte il nostro vecchio paradigma, per sperimentare il nuovo, e anche se il nuovo si rivelasse prezioso nella nostra esperienza, potremmo sentire una resistenza che entra in risonanza con una narrazione interiore del tipo: "Stai svelando il mio mondo". La convinzione è che il tuo mondo sia uguale alle tue mappe mentali. Le mappe non sono il tuo mondo. Sono solo uno strumento interiore pensato per aiutarti ad affrontare la realtà. Il tuo vero mondo non può essere contenuto da nessuna mappa mentale, perché la tua verità, come la verità della vita, supera di gran lunga la tua capacità di definire o mappare. Non lasciare che lo strumento diventi il tuo maestro.

La meditazione ha lo scopo di metterti in contatto con il te fondamentale, in modo che tu possa sperimentarlo direttamente, senza interferenze da parte delle mappe del sé. Attraverso l'esperienza diretta del te fondamentale, c'è la chiarezza.

Il te fondamentale è la pura percezione preesistente alle mappe del sé che il tuo cervello ha inconsciamente creato per tutta la vita. Non importa quanto spesso sperimenterai il te fondamentale: la mente non sarà mai in grado di definirlo correttamente, ma sicuramente ci proverà, perché lo schema della mente è definire e mappare tutta l'esperienza.

Il te fondamentale esiste prima del cervello, o a un livello più profondo di questo rispetto alla mappatura e alla definizione; quindi non si adatterà mai a nessuna descrizione specifica. Quando possiamo riposare nella consapevolezza della nostra natura fondamentale senza cercare di definirla o mapparla, allora e solo allora si può dire che stiamo veramente meditando.

L'esperienza della tua natura fondamentale è veramente trasformativa, perché è l'elemento curativo che apporta tutti i benefici della meditazione di cui abbiamo discusso nell'introduzione. Il te fondamentale è l'elemento correttivo, la scintilla della vita, l'essenza della consapevolezza. Abbraccialo ammorbidendo le mappe del sé, degli insegnamenti precedenti e delle autorità. Devi voler sperimentare direttamente la tua natura fondamentale senza nozioni preconcette, aspettative di risultati o pregiudizi di attenzione. Con l'interesse e la percezione diretta, la tua natura fondamentale può rivelarsi.

Non sto suggerendo che le nostre mappe mentali siano cattive o che dovremmo buttarle via. In effetti le nostre mappe mentali ci danno la possibilità di funzionare nel mondo, ma possono anche diventare molto facilmente una sorta di prigione. Il trucco è ammorbidirle in modo che non blocchino la consapevolezza. Essere aperti alla realtà del momento offre una vita più sana e vibrante, così da consentire al tuo cervello e al tuo sistema nervoso di diventare altamente flessibili e ricettivi a nuove informazioni e prospettive più ampie, e ciò ti renderà un individuo molto sicuro.

Parte IV

Applicazioni alla vita quotidiana

Come probabilmente sarai ormai in grado di capire, la TEM è specificamente progettata per essere inclusa nella vita quotidiana, perché, quando portiamo consapevolezza nella vita quotidiana, questa viene trasformata. Detto questo, la trasformazione è sempre una strada a doppio senso: non solo la consapevolezza cambia in meglio la vita quotidiana, ma l'alterazione positiva del nostro modello di vita quotidiana rafforza anche la consapevolezza. Tenendo presente l'influenza reciproca della consapevolezza e dei nostri schemi di vita quotidiana, possiamo iniziare a fare aggiustamenti su entrambi i fronti, tali da portare a un circolo virtuoso di miglioramenti positivi nella nostra vita.

Nella Parte IV apprendiamo come alcuni cambiamenti dello stile di vita possano aiutare a migliorare la qualità dell'esperienza meditativa, così come la salute del cervello e del corpo. Esploriamo anche la natura di vari pregiudizi emotivi che, inconsciamente, dipingono la nostra realtà in modo negativo. Notando questi pregiudizi mentre si esprimono, possiamo iniziare a liberarci, il che, a sua volta, migliora le nostre vite e la nostra consapevolezza generale.

Una volta acquisita una comprensione dei pregiudizi emotivi, possiamo prendere in esame la relazione tra postura, respirazione e stati emotivi. Grazie a

Applicazioni alla vita quotidiana

questa esplorazione, imparerai a guidare consapevolmente i tuoi stati emotivi per accelerare la trasformazione neurologica e migliorare la tua esperienza di vita quotidiana.

Dopo aver appreso come guidare le emozioni, scopriamo il segreto della meditazione istantanea tanto apprezzata dall'élite dei samurai. Scoprirai che la capacità di meditare all'istante è uno strumento vitale nella tua vita quotidiana attiva, poiché ti aiuterà ad affrontare i molti fattori di stress che probabilmente incontrerai ogni giorno.

Passiamo poi a evidenziare l'essenza dell'allenamento, che si trova nelle basi, poiché, in un qualsiasi allenamento, tutte le espressioni di livello superiore poggiano su basi solide.

Infine, esploriamo la filosofia guida del Metodo di inclusione totale, il *Total Embodiment Method* (TEM). In questo modo, impari che la TEM non è necessariamente un nuovo metodo, come potrebbe sembrare, ma è invece - probabilmente - l'originale, perduta meditazione degli esseri umani che sempre riemerge, quando l'essere umano si sviluppa nelle giuste condizioni fisiche.

Capitolo 18

Modifiche opportune dello stile di vita

Nonostante l'incredibile flessibilità e facilità del Metodo di Inclusione Totale, vi sono numerosi problemi legati allo stile di vita che possono creare indebite difficoltà durante la meditazione. Se manterrai questi schemi inutili, non vedrai risultati ottimali, non importa quanto ti dedicherai alla pratica della meditazione. Questo capitolo è dedicato a evidenziare i blocchi più comuni legati allo stile di vita e ad aiutarti a trovare soluzioni.

Tempo e durata del sonno

Un sonno di qualità è assolutamente essenziale per vivere una vita sana e vibrante; purtroppo nel mondo moderno, nonostante tutti i suoi comfort, sussistono molte cause di sonno non ottimale. Se ci manca il sonno sufficiente, la sessione di meditazione può trasformarsi in una lotta anche solo per rimanere sveglio per tutta la sua durata, figuriamoci per essere consapevoli.

Se l'obiettivo è quello di essere più consapevoli, è fondamentale mantenere un corretto bioritmo del sonno, un'area di squilibrio comune nella società moderna. Il bioritmo è il programma dei processi corporei. Se l'ora alla quale ci sdraiamo per dormire, ogni notte, varia di più di 30 minuti, questo causa disturbi della qualità del sonno. Se non manteniamo un ritmo sonno-veglia costante, potremmo constatare problemi ad addormentarci e/o ad avere cicli di sonno profondo sufficienti a consentire al corpo un adeguato ringiovanimento. In tal caso, è probabile che durante il giorno saremo meno consapevoli, poiché parti del nostro cervello non funzioneranno in modo ottimale.

Un ritmo sonno-veglia disturbato può, nel tempo, far diventare iper-reattivo o ipo-reattivo il sistema nervoso; potrebbe causare anche tensione fisica e infiammazione, nonché perdita di memoria, incapacità di concentrarsi e reattività emotiva. Quando non dormiamo bene, vengono compromessi la qualità e il piacere di qualsiasi cosa facciamo.

Quando abbiamo un ritmo sonno-veglia corretto, è probabile che la qualità del sonno migliori e questo migliorerà il nostro stato emotivo durante il giorno, permettendoci di affrontare le sfide con maggiore gentilezza. Con un sonno migliore, pensiamo in modo più rapido ed efficiente, abbiamo più energia e siamo più ispirati di quanto saremmo altrimenti.

Secondo il parere dei medici, gli esseri umani dovrebbero dormire in media otto ore a notte. Sebbene ciò possa essere vero per molte persone, non va però bene per tutti. Ogni persona ha una quantità ottimale di sonno, che cambia con l'avanzare dell'età. Quando dormiamo molto di più o molto di meno di quanto è ottimale per noi personalmente, questo influisce sulla nostra vita quotidiana in modo negativo.

Ciascuno di noi è diverso; quindi la chiave per scoprire la durata ottimale del sonno è prestare attenzione a ciò che generalmente ci fa sentire meglio. Le persone che hanno molta energia, ad esempio, potrebbero stare meglio con solo quattro o cinque ore di sonno per notte. Per tali individui, dormire più di quattro o cinque ore non è salutare. Al contrario, potrebbero soffrire se dormissero solo tre ore. Sebbene molti di noi possano stare bene dormendo cinque ore per una o due notti, pochi di noi possono sostenere quel ritmo e rimanere in buona salute.

Altre persone, dotate di minore energia corporea, potrebbero aver bisogno di più di otto ore di sonno, per essere in salute. È probabile che stiano meglio con nove o dieci ore di sonno. La chiave è individuare il ritmo sonno-veglia che funziona meglio per te e rispettarlo ogni notte, anche nei fine settimana.

Non dormire fino a tardi e non fare sonnellini quotidiani per compensare la mancanza di sonno. Anche se il pisolino occasionale va bene, in generale correggere il tuo ritmo sonno-veglia e mantenerlo costante è il modo migliore per far recuperare il corpo. Dormire fino a tardi tende ad alterare il bioritmo e a diminuire la qualità del sonno in generale.

Non dormire fino a tardi o non fare sonnellini può essere una vera sfida per le persone già pesantemente private del sonno. Tieni presente che dormire durante il giorno impedirà al bioritmo del tuo corpo di correggersi. La sfida è rimanere svegli fino al momento giusto per dormire, quindi andare a letto. Non importa quanto poco dormi quella notte, alzati dal letto a un orario prestabilito e resta sveglio. Se il tuo programma di sonno verrà mantenuto costante, il bioritmo si correggerà in breve tempo.

Ho sentito un certo numero di insegnanti spirituali affermare che le persone non dovrebbero mai dormire più di cinque ore per notte e che un individuo risvegliato non ha affatto bisogno di dormire. Il problema con queste affermazioni è che, anche se vere, si applicherebbero solo agli individui completamente risvegliati e non alle masse non risvegliate, che potrebbero essere tentate di seguire quel consiglio sul sonno. Se i nostri corpi non sono naturalmente sintonizzati per dormire solo cinque ore, la nostra salute ne verrà compromessa.

Per ottenere un sonno di qualità, mantenere il ciclo del sonno in sintonia con il ciclo solare è importante quasi quanto la quantità di tempo che passiamo dormendo. L'idea di base è svegliarsi un'ora o due prima del sorgere del sole, perché è quello che sicuramente faresti se vivessi uno stile di vita da cacciatore-raccoglitore.

Se il sole sorge alle 6:00, nel luogo in cui vivi, cerca di svegliarti almeno alle 5:00 ogni giorno. Se dormi otto ore, ti addormenterai ogni notte entro le 21:00. So che sembra strano andare a dormire così presto, ma se vai in campeggio per una settimana senza usare alcuna luce artificiale, noterai che ti addormenti molto prima rispetto a quando vivi a casa e sei esposto costantemente alla luce artificiale. Quando mi sono accampato per un mese nella foresta, senza luci artificiali né dispositivi elettronici, ho notato che, ogni giorno, avevo sonno appena due ore dopo il tramonto e mi svegliavo naturalmente circa un'ora prima dell'alba, come un orologio. Mi svegliavo riposato e pronto per iniziare la giornata. Non appena sono tornato a Tokyo, il mio ritmo sonno-veglia è tornato al vecchio schema, che era quello di stare alzato fino a tardi e avere poi un sonno di scarsa qualità.

Cerca di non trasformare il sonno in un'ideologia. Presta attenzione solo alla quantità di sonno di cui ha bisogno il tuo corpo per potersi sentire pieno di energia e consapevole nel corso della giornata.

Anche se tecnicamente starai a letto per il numero di ore che il tuo corpo richiede per riposare, se la qualità del sonno è insufficiente soffrirai comunque per tutto il giorno. Se stai a letto un tempo sufficiente e segui un ciclo sonno-veglia costante, ma ancora non dormi bene, allora probabilmente ci sono altre aree, legate allo stile di vita moderno, che puoi correggere per aiutarti a dormire meglio.

Problemi di illuminazione

La mancanza di una sufficiente esposizione alla luce solare durante il giorno può far sì che il tuo corpo non produca abbastanza melatonina, un ormone che aiuta il sonno. Se trascorri troppo tempo in casa, sarebbe saggio trascorrere un po' più di tempo all'aperto, specialmente al mattino presto, quando il sole sorge, poiché il sorgere del sole stimola il tuo corpo a svegliarsi. Se non riesci a concederti una sufficiente esposizione al sole durante il giorno, potresti provare a utilizzare una lampada per la terapia della luce diurna nel tuo spazio di lavoro, per stimolare la produzione di melatonina.

Diverse ore prima di andare a letto, assicurati di evitare la luce blu e quella verde, che stimolano entrambe il cervello alla veglia. La luce blu, ad esempio, viene generata dalla maggior parte degli schermi di computer e smartphone. Su quei dispositivi è possibile utilizzare dei software che sposteranno la luce sul rosso, dopo il tramonto. La luce rossa non stimolerà il cervello a uno stato di veglia come fanno la luce blu e verde. Night Shift, Redshift e Red Moon sono ottime scelte di software gratuito, a seconda del dispositivo che utilizzi.

Un altro problema correlato potrebbe essere la troppa luce presente nella zona notte. La pelle è estremamente sensibile alla luce; quindi anche un po' di luce che tocca la pelle può stimolare il cervello a uscire dal sonno. Un ottimo modo per contrastare questo problema è acquistare tende oscuranti per la camera da letto e spegnere la luce notturna, quando vai a dormire. Se possibile, dovresti dormire in una stanza buia.

Disturbi del sonno legati al cibo

Se noti che hai la tendenza a svegliarti nel cuore della notte e poi hai difficoltà a riaddormentarti, alcuni aggiustamenti potranno aiutarti a risolvere il problema.

La prima considerazione da fare, se hai delle veglie notturne, riguarda l'ora in cui, a fine giornata, hai consumato una qualsiasi sostanza calorica o chimica, perché quelle cose possono causare irrequietezza. È saggio non mangiare o bere alcuna sostanza calorica nelle tre o quattro ore prima di andare a dormire. Per ottenere la massima qualità di sonno possibile, lo stomaco dovrebbe essere completamente vuoto di contenuto, in modo che il suo peso non prema su altri organi viscerali e li disturbi, il che influisce negativamente sul sonno.

Molte persone mangiano poco prima di andare a letto, perché hanno fame. Il problema è probabilmente che non consumano abbastanza grassi di alta qualità durante il giorno. È probabile che mangino troppi zuccheri e carboidrati trasformati, che vengono digeriti rapidamente e provocano un rapido ritorno della fame. Mangiare più grassi di alta qualità consente una maggiore sazietà e consumi di energia più lunghi, in modo da non avere fame prima o durante il sonno.

Negli anni '40, negli Stati Uniti, vennero effettuati degli studi scientifici che mostravano una correlazione tra diete ricche di grassi e colesterolo alto. Le ipotesi, all'epoca, erano che il colesterolo alto causasse le malattie cardiache e che le diete ad alto contenuto di grassi fossero la causa del colesterolo alto. Queste ipotesi portarono medici e pazienti ad abbracciare la dieta a basso contenuto di grassi, per la perdita di peso e la salute del cuore.

Negli anni '60, la dieta a basso contenuto di grassi era considerata quella corretta non solo per i cardiopatici ad alto rischio, ma per tutti. Nel 1980 la dieta a basso contenuto di grassi, fortemente promossa da medici, governo federale, industria alimentare e media sanitari popolari, divenne la dieta principale negli Stati Uniti. C'era una correlazione documentata tra diete a basso contenuto di grassi e perdita di peso o prevenzione delle malattie cardiache; quindi gli americani continuarono a seguire la tendenza dell'alimentazione a basso contenuto di grassi. Ironia della sorte, adottando la dieta a basso contenuto di grassi, gli americani iniziarono a sperimentare un'epidemia di obesità.

Gli americani stavano seguendo le linee guida della piramide alimentare, che poneva la massima enfasi sul consumo di elevate quantità di carboidrati e pochi grassi. Recentemente la scienza ha riconosciuto l'errore e sta iniziando a consigliare un approccio più moderato all'eliminazione dei grassi.

Evitare i grassi ha comportato un maggiore consumo di carboidrati e zuccheri trasformati. Questo spostamento calorico ha provocato un forte aumento di obesità, malattie cardiache, diabete e disturbi psicologici come ansia e depressione.

Quando si tratta di grassi, è fondamentale ricordare che il cervello e gli ormoni provengono dai grassi. Se non stai mangiando una quantità sufficiente di grasso di alta qualità, i tuoi ormoni saranno sbilanciati. I grassi di alta qualità includono grassi animali, noci e avocado, ad esempio. Per quanto riguarda la scienza e il grasso, non è ancora chiaro cosa causi le malattie cardiache e cosa no. In sostanza, non è mai stata dimostrata alcuna connessione causale tra consumo di grassi saturi e malattie cardiache. Considerando che la quasi totale assunzione di grassi, da parte dei cacciatori-raccoglitori, proviene da grassi animali (grassi saturi), ha senso affermare che il nostro corpo è ben adattato a quei cibi. Se hai intenzione di cambiare la tua dieta, faresti bene a chiedere un parere medico sul consumo dei grassi.

Ovviamente anche il consumo di bevande alcoliche, alcuni farmaci e caffeina la sera può interrompere il ciclo del sonno. La regola generale è di bere solo acqua dopo l'ultimo pasto della giornata.

Crampi notturni

Se ti accorgi che, a volte, ti svegli la notte per i crampi, potresti non assumere abbastanza sale durante i pasti o disidratarti mentre dormi. Per verificare qual è il problema, prova a tenere dell'acqua sul comodino per una settimana. Potresti notare che tendi a svegliarti appena prima che inizi un crampo: in quel momento, prova a bere un po' d'acqua. Se in questo modo riuscirai a prevenire i crampi, saprai che sei disidratato. La risposta sarà una migliore idratazione quotidiana.

La regola di base è avere un accesso costante all'acqua, che sorseggerai ogni volta che avrai sete. Assicurati di consumare non più di sette sorsi di acqua in un periodo di quindici minuti, poiché berne di più avrà un effetto diuretico. Quando il bere stimola un'eccessiva diuresi, i nostri corpi non assorbiranno l'acqua e, quindi, potremmo ancora disidratarci.

Se sorseggiare acqua non risolve i crampi, potresti provare a preparare mezzo bicchiere di acqua salata, da bere dopo cena. Il sale è un elettrolita. Rendi l'acqua salata quanto basta a farti sentire il sale, ma non così salata da darti un senso di repulsione.

Nota: l'aumento dell'assunzione di sale può causare ipertensione, che può provocare un ictus. Se hai la pressione alta, ci sono buone probabilità che tu introduca già troppo sale nella dieta. In tal caso, la tua dieta potrebbe essere priva di qualche altro elettrolita. Faresti bene a consultare il tuo medico per affrontare il problema.

Vampate di calore

Se sei in menopausa, condizione che può causare vampate di calore, anche il sonno può essere influenzato. Secondo la scienza medica, le vampate di calore iniziano quando i vasi sanguigni vicino alla superficie della pelle si allargano, per rinfrescarsi. Quando i vasi si allargano, iniziamo a sudare copiosamente. Alcune donne avvertono anche brividi e battito cardiaco accelerato.

In menopausa, molte avvertono delle vampate di calore notturne, che le svegliano. Una volta che siamo accaldati e sudati, può sembrare quasi impossibile riaddormentarsi.

Sono le donne a soffrire più comunemente di vampate di calore, ma gli uomini non ne sono esenti. La maggior parte degli uomini non sa di poter soffrire di vampate di calore. E molti uomini di mezza età potrebbero svegliarsi proprio per questo motivo, ma senza rendersi conto di soffrire di vampate di calore. Se ti svegli sudando più volte alla settimana, è molto probabile che tu stia soffrendo di vampate di calore.

Esistono alcuni modi relativamente efficaci che ci consentono di affrontare questa problematica. Il primo e più ovvio è raffreddare il corpo appena prima di andare a dormire. Potresti fare un bagno fresco, per esempio. È anche saggio mantenere bassa la temperatura della stanza in cui dormi e non usare troppe coperte. Per ridurre al minimo le vampate di calore, fa' in modo che la tua temperatura corporea rimanga fresca, quando dormi.

Anche se potresti non essere in grado di fermare completamente le vampate di calore, puoi fare alcune cose per ridurle al minimo. Ecco alcuni stimolatori di vampate di calore: stress, caffeina, alcol, cibi piccanti, indumenti stretti, calore e fumo di sigaretta. La riduzione di questi stimolatori può fare molto per limitare il problema delle vampate di calore.

Una volta che hai una vampata di calore, vorrai tornare a dormire il prima possibile. Per un aiuto a tal fine, assicurati di raffreddare il corpo rimuovendo alcune delle coperte. Potresti anche scoprire che la respirazione profonda può essere molto utile per rilassare il corpo, in modo che tu possa riaddormentarti il prima possibile.

Una volta che iniziano le vampate di calore, la persona comune tende ad averle per sette anni; quindi, con il tempo, è probabile che smettano di verificarsi anche se non fai nulla per prevenirle.

Programma di risveglio

Il modo in cui ci svegliamo è importante tanto quanto la durata del sonno. Quando abbiamo dormito veramente bene, tendiamo ad alzarci dal letto con una mente chiara e vibrante, pronti per iniziare la giornata. Se non dormiamo bene per un lungo periodo di tempo, non avremo certo un risveglio col botto, al mattino. Allo stesso modo, se ci manca una ragione valida per alzarci pieni di energia, ogni giorno, tenderemo a stare lì sdraiati per lunghi periodi di tempo, senza il desiderio di alzarci. Trovare un buon motivo ti aiuterà ad alzarti prima dal letto ogni giorno, il che migliorerà la qualità della tua giornata, come anche la qualità del tuo sonno.

Un buon modo per aiutarti a infondere un po' di energia nella tua mattinata è stabilire la sera prima cosa farai la mattina dopo, al risveglio. Decidi le attività da svolgere l'indomani appena prima di andare a letto.

Prenditi un minuto per pianificare la mattinata. Considera i seguenti elementi:

- Orario di risveglio
- Orario per alzarsi dal letto (prova a renderlo uguale all'orario di risveglio)
- Urinare
- Stretching
- Lavaggio del viso o doccia con acqua fredda
- Meditazione e/o respirazione vagale

Naturalmente, dovresti avere un motivo stimolante per affrontare la tua giornata, ogni giorno, ma potrebbe non essere immediatamente disponibile nel tuo ambiente sociale. Dopo tutto, molti di noi lavorano principalmente per pagare le bollette e non fanno ciò che li ispira. Anche se questo potrebbe essere il caso per molti di noi, dobbiamo comunque avere un programma per il momento in cui ci alziamo, ogni mattina.

Ogni sera, prima di andare a dormire, decidi il programma e ribadisci la tua intenzione di alzarti dal letto e fare ciò che è sano. Scoprirai che, facendo la sera prima i programmi per la mattina successiva e stabilendo una potente intenzione, ti alzerai dal letto prima e più ispirato per affrontare le sfide della giornata. Questo atteggiamento ti consentirà ogni giorno di essere più impegnato, e questo ti porterà poi a dormire meglio la notte.

Esercizio

È stato dimostrato che l'esercizio quotidiano aiuta il corpo a regolare gli ormoni. Se non ti alleni a sufficienza ogni giorno, ora è un buon momento per iniziare. In assenza di sufficiente esercizio quotidiano, il tuo corpo non dormirà bene come quando ti alleni. L'impatto dell'esercizio sul sonno è più evidente negli individui dotati di energia elevata.

Tali individui, se non fanno esercizio fisico, tendono facilmente a essere agitati o eccitabili. Questa eccitabilità influenzerà non solo le loro relazioni ma anche la qualità del sonno, perché i loro corpi non saranno semplicemente in grado di rilassarsi.

Anche le persone dotate di scarsa energia hanno bisogno di fare esercizio per dormire meglio, poiché l'esercizio aumenta il flusso sanguigno al cervello e agli organi vitali, il che a sua volta aumenta la salute e la vitalità. Tali individui dormiranno meglio e tenderanno a svegliarsi con una maggiore motivazione per alzarsi dal letto e iniziare la giornata.

Il corpo umano, da una prospettiva evolutiva, è ancora un corpo da cacciatore-raccoglitore. Ne consegue che, per essere sano, ha bisogno di muoversi ogni giorno come se stesse cacciando e raccogliendo. I cacciatori-raccoglitori di solito camminano per circa cinque miglia al giorno, e anche noi dovremmo farlo.

Camminare è una delle migliori attività per il corpo, poiché tutti i sistemi corporei vengono tonificati dai movimenti del camminare. Se non facciamo abbastanza esercizio, non dormiremo altrettanto bene, né i nostri corpi digeriranno in modo efficiente, come farebbero se fossero ben allenati.

Naturalmente, molti altri esercizi possono giovare alla salute. Tra essi vi sono, ad esempio, yoga, tai chi, danza, escursionismo, nuoto, sollevamento pesi ed esercizi cardiovascolari. Se possibile, cerca di trovare un esercizio che ti piaccia, perché questo ti motiverà a farlo ogni giorno.

Fondamentalmente, vogliamo che l'energia continui a fluire nel corpo grazie a un movimento sano. Per migliorare la salute del nostro corpo e del nostro cervello, dovremmo essere forti e stabili ma anche flessibili, in grado di sopportare condizioni meteorologiche estreme e umidità.

A un certo punto, il tuo corpo potrebbe diventare fragile a causa di lesioni o malattie. In questo caso, fai quello che puoi per mantenerlo il più forte e flessibile possibile. Se hai bisogno di riposare, assicurati di riposare. Non è necessario diventare eccessivamente ostinati o ideologici riguardo all'esercizio fisico. Prosegui, invece, a piccoli passi verso una salute migliore. Man mano che la tua salute migliorerà gradualmente, è probabile che noterai anche un miglioramento della qualità del sonno.

Modifiche dietetiche sane

Sebbene abbiamo discusso in precedenza della dieta, abbiamo ancora molto da esplorare in questo settore. La scienza medica e la psicologia stanno iniziando a capire che gran parte della nostra depressione e ansia proviene dalla dieta.

Una delle più grandi sfide per una persona che medita ha a che fare con i livelli di energia. Quando mangiamo molti carboidrati e zuccheri, i nostri livelli di zucchero nel sangue tendono a salire, il che innesca il rilascio di insulina, che a sua volta provoca un crollo della glicemia. Quando il livello di zucchero nel sangue crolla, proviamo una maggiore agitazione, oltre ad avvertire una minore chiarezza e consapevolezza mentale.

L'idea può sembrare difficile da afferrare, ma la dieta raccomandata dalla comunità medica americana potrebbe non essere adatta. Se vivessi come cacciatore-raccoglitore, la maggior parte del tuo apporto alimentare sarebbe sotto forma di grassi e proteine. Subito dopo i grassi e le proteine ci sarebbero le verdure. Gli ultimi disponibili sarebbero i carboidrati complessi e gli zuccheri, perché i cereali e le bacche sono quasi esclusivamente stagionali. In breve, la dieta del cacciatore-raccoglitore è quasi agli antipodi delle raccomandazioni della piramide alimentare.

Il cervello è composto principalmente da lipidi, ovvero grassi; quindi è fondamentale assumere grassi di qualità come elementi costitutivi delle cellule cerebrali. Il tuo primo pasto ogni giorno dovrebbe essere ad alto contenuto di grassi e proteine: questo garantirà un dispendio calorico lungo e uniforme che manterrà stabili per tutto il giorno i livelli di energia.

In questi giorni, è diventato popolare il digiuno intermittente. È una forma di digiuno che si pratica tutti i giorni o a giorni alterni. La chiave del digiuno intermittente è che l'intervallo di tempo tra l'ultimo pasto della giornata e il primo pasto del giorno successivo deve essere di almeno 12 ore, per consentire al tuo corpo almeno 12 ore senza alcun apporto calorico o chimico; questo consente al corpo di bruciare il grasso immagazzinato nel fegato per produrre energia. Se la tua dieta prevede l'assunzione di grassi per tre pasti al giorno senza digiuno intermittente, il tuo corpo continuerà a immagazzinare il colesterolo nel fegato e nel flusso sanguigno, e ciò potrebbe far salire i livelli di colesterolo alle stelle.

A me personalmente piace abbastanza il digiuno intermittente, perché segue molto da vicino quello che sarebbe il nostro ciclo alimentare naturale come cacciatori-raccoglitori. I tempi di caccia principali sono diverse ore prima e dopo l'alba e il tramonto, poiché quelle sono le ore in cui gli animali diurni tornano alle loro tane o si sdraiano per dormire e gli animali notturni escono per trovare cibo e risorse. La natura è più attiva durante questi periodi di transizione solare. Questo significa che, in qualità di cacciatori-raccoglitori, in tali momenti saremmo a caccia, non a mangiare.

Di ritorno dalla tua caccia mattutina, probabilmente non mangeresti fino alle 9 o alle 10 del mattino. Se mangiassi un pasto grasso e ricco di proteine, non avresti più fame fino a sette o otto ore dopo, quando mangeresti di nuovo, prima di uscire per la caccia serale. Al di fuori di quei pasti, probabilmente non consumeresti altro che acqua.

Se seguissi il programma alimentare dei cacciatori-raccoglitori, è probabile che tra i pasti intercorrerebbero 16 ore, che è un periodo di digiuno ideale. Seguendo questo protocollo, potresti essere sorpreso di scoprire che, tra i pasti, sei meno affamato, mangi meno in generale e ti godi il cibo molto di più durante i pasti. A lungo termine, è probabile che, quando digiuni a intermittenza, tu abbia più energia e dorma meglio.

Per quanto riguarda le verdure, personalmente me le gusto durante la cena. Cerco di farne quante più varianti possibili. Potresti provare questa strategia per vedere se funziona per te. Ecco alcune fantastiche opzioni vegetali basate sul colore. Inserire nella tua dieta il maggior numero possibile di variazioni di colore fornirà una gamma più ampia di sostanze nutritive e fitochimiche per sostenere la tua salute.

Giallo (zucche, peperoni, pompelmi, banane)
Arancia (peperoni, zucca, carote, arance, patate dolci)
Verde (spinaci, cavoli, broccoli, asparagi, fagiolini)
Rosso (ravanelli, pomodori rossi, peperoni rossi, anguria, guava, barbabietole)
Blu/Viola/Nero (mirtilli, more, prugne, cavolo viola, melanzane)
Bianco (rape, cavolfiore, ravanello daikon, pastinaca, porri, aglio)

La consapevolezza è la chiave per trovare una dieta che funzioni bene per te. Presta attenzione a come il tuo corpo risponde a cibi diversi.

Intolleranze alimentari

Per qualche motivo sconosciuto, le allergie e le sensibilità alimentari stanno diventando sempre più comuni. Queste condizioni possono devastare il sistema digestivo, causando sindrome dell'intestino permeabile, morbo di Crohn, colite, infiammazione cronica e molti altri disturbi.

Se sospetti di soffrire di allergie o sensibilità alimentari, potresti prendere in considerazione l'idea di provare una dieta a eliminazione, per liberarti degli alimenti potenzialmente problematici. Una tipica dieta a eliminazione consiste solo in riso bianco e agnello, poiché raramente si riscontrano intolleranze a questi alimenti.

Una dieta a eliminazione dovrebbe durare almeno diversi mesi. Per il primo mese non mangi altro che cibi sicuri conosciuti, come l'agnello e il riso. Il motivo per cui mangiamo solo agnello e riso per un mese è che il sistema digestivo potrebbe aver veramente bisogno di molto tempo per guarire dall'esposizione costante che stava causando i problemi. Se alla nostra dieta di eliminazione aggiungiamo elementi troppo presto, diventa impossibile capire cosa sta causando il problema, perché il nostro corpo non avrà mai raggiunto una linea di base, uno stato in cui non è infiammato e reattivo. In sintesi, si consiglia di mangiare solo agnello e riso per un mese, per permettere che l'infiammazione si attenui. Dopo un mese, aggiungi nuovi alimenti, uno alla volta, lasciando passare alcuni giorni prima di ogni nuova aggiunta, e osserva come il corpo reagisce a ogni nuovo alimento.

Una volta arrivato a un punto in cui sei pronto per aggiungere un nuovo alimento, provalo una volta e attendi alcuni giorni per determinare se ti sta causando problemi. Se, entro uno o due giorni dal consumo del nuovo cibo, noti che hai piaghette in bocca, al retto o ti prude la pelle; hai brufoli o eruzioni cutanee; soffri di flatulenza o la mascella, le spalle o la parte bassa della schiena si irrigidiscono, è un indizio che il cibo non è adatto a te in quel momento. Ometti il cibo dalla tua dieta e attendi che i sintomi scompaiano, prima di aggiungere un altro alimento a quelli che stai consumando.

Per la maggior parte delle persone, sono necessari molti mesi prima che siano in grado di mappare cosa va bene per loro e cosa no. A lungo termine, però, il tempo necessario per mappare il cibo in questo modo è speso bene perché, con meno infiammazione, proviamo meno ansia, abbiamo più energia e più chiarezza: una migliore qualità della vita.

Prima di iniziare qualsiasi nuova dieta, dovresti consultare il tuo medico.

Capitolo 19

Superare i pregiudizi percettivi

Come esseri umani, soffriamo di una serie di pregiudizi inconsci che possono distorcere notevolmente la nostra percezione di noi stessi, degli altri, della società e del mondo. In generale, soffriamo di tre categorie principali di bias o pregiudizi: bias istintivo della negatività, bias emotivo e bias di valore. Per migliorare la qualità della vita, è opportuno diventare consapevoli di questi bias e di come influenzano la nostra percezione e le nostre reazioni.

Bias istintivo della negatività

L'essere umano ha un pregiudizio inconscio verso la consapevolezza negativa, vale a dire che siamo molto più motivati a evitare una perdita di quanto siamo motivati a guadagnare qualcosa. Come autore, ad esempio, so che una pessima esperienza di lettura mi farà guadagnare un numero di recensioni negative molto più alto rispetto a quello delle eventuali recensioni positive ispirate da una meravigliosa esperienza di lettura. In poche parole, le persone sono più motivate a esprimere negatività che non a esprimere positività.

Studi psicologici hanno più volte dimostrato che temiamo di perdere denaro molto più di quanto ci piaccia guadagnarlo, e quindi le persone tendono a essere molto più veloci nell'intraprendere azioni che prevengono una perdita piuttosto che nel correre un rischio che potrebbe tradursi in un guadagno. Per questo motivo, gli imprenditori tendono a essere una razza rara.

Questo bias istintivo di negatività può essere spiegato dal processo evolutivo, che premia la sopravvivenza del più adatto. Dal punto di vista della sopravvivenza, è più importante evitare il pericolo che non prestare attenzione a una possibile ricompensa. Portare a terra un favo di miele ha di sicuro un impatto psicologico, ma non è paragonabile a quello determinato dall'attacco di una tigre.

Sebbene il pregiudizio istintivo della negatività sia uno strumento vitale di sopravvivenza, se rimane un processo inconscio siamo condannati a perdere incredibili opportunità di arricchimento della vita. Il pregiudizio tenderà a farci rimanere sul sentiero collaudato, il sentiero, cioè, su cui ci sentiamo a nostro agio e che, in genere, è quello che ci limita. Il processo di meditazione, per sua stessa natura, ha bisogno di sfidare il pregiudizio istintivo della negatività, in modo da poter migliorare le nostre vite con la luce della chiarezza.

Inizia a notare come combatteresti più tenacemente per non perdere qualcosa di prezioso di quanto faresti per ottenere qualcosa di benefico. Ci possono essere momenti in cui, per ottenere qualcosa di più importante, è necessario perdere qualcosa. Ad esempio, durante il processo di meditazione potresti scoprire che sei stanco della tua carriera e ti senti ispirato a correre il rischio di fare qualcos'altro, nella tua vita. Se il pregiudizio di negatività ha voce in capitolo, potresti reprimere i tuoi sogni e scegliere la strada sicura, solo per finire, anni dopo, con l'attraversare una crisi di mezza età.

Bias emotivo

Oltre alla tendenza a dare la priorità alla negatività rispetto alla positività, le persone nutrono anche dei pregiudizi emotivi, il che complica ancora di più le cose. Se, ad esempio, siamo in uno stato emotivo molto positivo, come quando qualcuno ci dice qualcosa che vogliamo davvero sentire, tendiamo a notare solo le cose positive che ci circondano e trascuriamo la negatività. Ma se siamo in uno stato emotivo molto negativo, ci concentriamo su tutto ciò che intorno a noi viene percepito come negativo, non importa quanto banale, e tendiamo a perdere tutto ciò che potrebbe essere percepito come positivo. Lo psicologo Paul Eckman ha descritto questo pregiudizio dell'umore nel suo libro *Te lo leggo in faccia: riconoscere le emozioni anche quando sono nascoste* come il "periodo emotivo refrattario" (*emotions refractary period,* ERP).

Un modo semplice per comprendere il fenomeno, secondo il dottor Eckman, è ricordare un momento in cui, conversando con qualcuno, ti sono state rivolte delle parole che ti hanno fortemente turbato. Potresti ricordare di non essere stato in grado di riprenderti abbastanza velocemente da rispondere gentilmente alla persona.

Quando siamo nel periodo emotivo refrattario, c'è una fase in cui siamo presi dall'emozione, il che fa sì che i nostri filtri emotivi si concentrino su qualsiasi cosa si adatti alla nostra emozione attuale.

Le persone innamorate, ad esempio, in genere non sono in grado di vedere i difetti o le mancanze dei loro amati. Un altro esempio è quando vorresti acquistare una nuova auto: è probabile che la tua mente ne metta in risalto tutte le caratteristiche straordinarie, sorvolando, invece, sui suoi lati negativi!

Molte discussioni sostenute nel periodo emotivo refrattario diventano accese, perché durante questo periodo emotivamente carico potresti non essere in grado di vedere altro che il negativo nell'altra persona. All'improvviso la tua memoria rileva tutto ciò che ha fatto di sbagliato, escludendo le grandi cose che potrebbe aver fatto. Durante l'esperienza ERP, se ci viene chiesto di trovare tratti positivi di qualcuno con cui siamo arrabbiati, potremmo fare una fatica indicibile a trovare anche solo una cosa buona da dire.

In effetti, in questo momento siamo temporaneamente pazzi, poiché le informazioni e l'intelligenza, che normalmente sono a nostra disposizione, sono temporaneamente fuori portata. Una volta superato il periodo emotivo refrattario, scopriamo che possiamo facilmente pensare a dettagli che avrebbero aiutato la nostra discussione, ma che non ci sono mai venuti in mente in quel periodo, perché la nostra intelligenza è stata gravemente offuscata dall'intensa emotività.

Indipendentemente dal fatto che ci troviamo in un ERP positivo o negativo, in entrambi i casi vediamo il mondo attraverso filtri emotivi che limitano la nostra chiarezza. Il periodo emotivo refrattario è una risposta estremamente inconscia che indica che siamo completamente fuori dal contatto con la consapevolezza.

Se siamo in uno stato di onde beta, i momenti ERP possono arrivare in un lampo, senza preavviso. Ti colpiranno come uno tsunami, mentre le tue emozioni prenderanno il sopravvento e inizieranno a devastare le tue relazioni e la tua vita. Molti dei più grandi errori che commettiamo nella nostra vita sono la conseguenza del nostro precipitare in un periodo refrattario altamente emotivo e che sopprime la consapevolezza.

Se alimentiamo tali stati inconsci giustificandoli, diventa più facile cadere preda di quel tipo di incoscienza. Il trucco per liberare il cervello dall'ERP è non giustificare mai questi episodi, dopo che sono passati. Sì, è ancora probabile che tu subisca l'influsso dell'ERP, di tanto in tanto, ma non trovare scuse. Ammetti invece, almeno con te stesso, di essere caduto in uno stato emotivo profondamente inconscio e di essere stato pazzo per un po'. Successivamente, non appena puoi, medita di nuovo in uno stato di consapevolezza cosciente.

La respirazione vagale funziona bene in momenti così intensamente emotivi. Se ti accorgi che si è innescata una reazione, la cosa saggia da fare è allontanarti dalla situazione per un periodo abbastanza lungo da consentirti di passare alle onde alfa. Renditi conto che arrabbiarsi non creerà un risultato positivo. E perdona te stesso, quando te ne dimentichi.

Quando troveremo qualcun altro in ERP, la tendenza sarà quella di provare a discutere con lui o dimostrargli come la sua percezione non sia corretta, fornendo delle controprove. Questa strategia fallirà sicuramente, perché l'individuo non è più in grado di accedere all'intelligenza e di capire il valore della tua controargomentazione. Invece di riconoscere il suo errore, vedrà solo che vuoi farlo passare per quello che ha torto, e si arrabbierà ancora di più. Le persone in ERP, probabilmente, non sono in grado di riconoscere che potrebbero sbagliarsi.

In sostanza, quando ci troviamo in certi stati emotivi, vediamo il mondo attraverso il filtro dei nostri sentimenti, il che significa che non siamo in grado di vedere nient'altro al di fuori di ciò che vogliamo vedere in quel momento.

Se sei abbastanza consapevole da notare che sei in ERP, il Dr. Eckman suggerisce quanto segue: "Primo, se si tratta di un ERP con carica negativa è meglio non parlare con nessuno né prendere alcuna decisione. Le cose che diciamo o facciamo in questo momento sono quelle di cui ci pentiremo in seguito. Prenditi un po' di tempo libero. Una volta che avverti di esserti calmato e che riesci a pensare in modo chiaro, puoi tornare a valutare la situazione". Eckman ti consiglia anche di comunicare agli altri la tua intenzione di tornare da loro in un secondo momento. Offre lo stesso consiglio sia che siamo in uno stato di ERP negativo che positivo.

La causa dell'ERP si trova sempre nel passato, in vecchi sentimenti irrisolti. Questi sentimenti irrisolti stimolano narrazioni mentali che distorcono la nostra percezione della realtà, rendendoci impermeabili alla verità di ciò che sta accadendo intorno a noi e dentro di noi.

Il dottor Eckman ha scoperto che, maggiore è la durata del periodo emotivo refrattario, maggiore è la distorsione della realtà e più ampio è l'impatto sulle nostre vite. Secondo Eckman, una persona che rimane in ERP per alcuni giorni avrà una percezione permanentemente distorta della realtà relativa agli eventi e alle persone che ritiene abbiano attivato l'ERP. Eckman sostiene che correggere gli episodi di ERP il prima possibile è il modo migliore per ridurre ogni possibile effetto negativo duraturo.

Di nuovo, una volta che ti accorgi di essere stato in ERP, non devi biasimare te stesso, perché può succedere a chiunque. Invece di darti la colpa, è meglio che ti calmi ed entri in uno stato di meditazione, in modo da poter valutare onestamente le percezioni che hai avuto durante ERP.

I pericoli dell'ERP colpiscono non solo gli individui ma intere nazioni. Quando Barack Obama è diventato presidente, molti a sinistra erano così innamorati di lui da non vedere gli errori che probabilmente stava commettendo. Molti a destra tendevano a vedere solo il negativo, non ammettendo che, a volte, stava forse facendo qualcosa di buono per il paese.

Allo stesso modo, quando Donald Trump è entrato in carica, il pregiudizio emotivo è diventato ancora più estremo. Per molte persone, a sinistra, Trump è il diavolo. Per molti, a destra, è il Salvatore. È probabile che le distorsioni emotive avranno impatti duraturi nel mondo reale per i decenni a venire, mentre le parti tenderanno a polarizzarsi sempre più nei loro pregiudizi, nella retorica e nelle azioni che ne deriveranno.

Il modo per avere un sistema politico potentemente trasparente è avere individui potentemente trasparenti, che non siano più manipolati tanto facilmente dai modelli emotivi del loro passato.

Pregiudizio di valore

Abbiamo un altro pregiudizio che causa il crollo della consapevolezza, in un modo molto simile a come lo fa il pregiudizio emotivo stimolato dall'ERP. Quel pregiudizio si riferisce ai nostri valori più alti.

Ogni individuo ha un insieme gerarchico di valori che determina, in larga misura, come vede e giudica la realtà che lo circonda. La maggior parte delle persone presume di aver scelto la propria gerarchia di valori, ma in realtà la gerarchia di valori è in gran parte inconscia. Deriva dall'impeto del passato, che si esprime attraverso di noi tramite la genetica, la personalità, le influenze dell'infanzia, la cultura e le ideologie che abbiamo abbracciato senza porle in dubbio, traumi e altre energie emotive bloccate. Tutte queste forze convergono per costruire la gerarchia dei valori inconsci che governa le nostre vite.

Diventare consapevoli del proprio valore inconscio più elevato è fondamentale per migliorare la qualità della vita. Qualunque sia il tuo, è la forza interiore più dominante e motivante.

La chiave per scoprire il tuo valore più elevato è notare quale vince, se messo sotto pressione da altri valori. Ad esempio, se siamo disposti a mentire per denaro, allora sappiamo che la ricchezza o lo status sociale ha una priorità più alta nella tua piramide di valori inconscia rispetto all'onestà. Molte persone dicono che l'onestà è il loro valore più alto, ma, in verità, ci sono pochissime persone per le quali l'onestà è davvero il valore più alto. La maggior parte delle persone sarà disonesta al fine di essere gentile, ad esempio, il che dimostra che la gentilezza ha più potere dell'onestà, all'interno dell'individuo. Alcune di quelle persone che sono disoneste nell'essere gentili sono motivate non tanto a essere gentili quanto a cercare di essere apprezzate, il che significa che, in realtà, non apprezzano la gentilezza bensì l'approvazione. Per un individuo, l'approvazione potrebbe essere il più alto dei valori, seguita dalla gentilezza e quindi dall'onestà, ma è probabile che pensino alla gentilezza come al loro valore più alto.

La gentilezza fornisce un ottimo esempio di come funziona il bias di valore inconscio. Un insegnamento spirituale comune in molte tradizioni è che la gentilezza dovrebbe essere il valore più alto. Considerandone la prevalenza, questa ideologia fornisce un ottimo esempio delle trappole dei pregiudizi inconsci. Non importa quanto a prima vista un valore possa sembrare nobile, c'è sempre una contraddizione, una trappola che ti tira fuori dalla consapevolezza e crea momenti di ipocrisia in cui, inconsciamente, contraddici il tuo valore più alto.

Se la gentilezza è il nostro valore più alto, quando incontriamo qualcuno che percepiamo come gentile tendiamo a vedere solo le aree positive e trascuriamo quelle in cui presentano difetti di carattere, più o meno come accade con l'ERP. Tuttavia, quando qualcuno è percepito come estremamente scortese, tendiamo a trascurare tutto ciò che ha fatto di buono e notiamo solo ciò che ha fatto di sbagliato. Possiamo arrivare al punto di negare energicamente tutte le cose positive che potrebbero aver fatto. In tali momenti di bias, sia positivo che negativo, non può esserci consapevolezza, perché il cervello è chiaramente nello stato di onda beta di attenzione selettiva.

Non importa quanto possiamo essere intelligenti come individui: a meno che non siamo altamente consapevoli, il nostro stato emotivo è più forte della nostra intelligenza, perché le emozioni provengono da un cervello più profondo e più vecchio di quello - il più recente tra gli sviluppi cerebrali - da cui proviene la nostra mente razionale. Più vecchia è la struttura del cervello, maggiore è l'influenza che ha sull'organismo.

Le emozioni sono contenute nel sistema limbico, così come le motivazioni e la memoria. Se abbiamo un pregiudizio di valore che pone la gentilezza, ad esempio, come nostro valore più alto, allora è probabile che si inneschi una reazione emotiva quando percepiamo qualcuno come non gentile. In presenza di questo fattore emotivo scatenante, è probabile che smettiamo di essere gentili, perché l'aggressività è la risposta empatica verso chi è percepito come non gentile. In quel caso, stiamo inconsciamente tradendo il nostro valore più alto.

Non importa quale sia il nostro valore più alto, perché tutti nascondono la stessa trappola. Il tuo valore più alto è il tuo giudice. È anche il giudice del mondo. Quando, consciamente o inconsciamente, viene sfidato il valore più alto, la nostra risposta emotiva ci rende ciechi alla realtà e ci fa comportare da ipocriti.

Finché avremo un valore specifico più elevato, giudicheremo favorevolmente quegli individui che sembrano adattarsi a quel valore e sfavorevolmente quelli che sembrano non essere sintonizzati con esso.

Un valore comune dei narcisisti è la competenza. Quando il nostro valore più alto è la competenza, siamo inclini a condannare coloro che sono meno capaci, giudicandoli come perdenti o feccia della società. Ironia della sorte, tenderemo a notare le aree in cui noi siamo abbastanza capaci, ma trascureremo le aree in cui non siamo forti. Nascosto nel valore stesso c'è un pregiudizio verso ciò in cui noi siamo personalmente bravi, il nostro gruppo eccelle o la nostra nazione fa bene. Saremo in gran parte ciechi nei confronti delle aree in cui non siamo accettabili.

Nessuno può essere bravo in tutto, perché tutti abbiamo dei punti deboli. Pertanto, anche la competenza come valore più alto fallisce. Ogni valore ha forza e debolezza intrinseca che porta all'ipocrisia.

Un solo valore non produce ipocrisia: la consapevolezza conscia. Vede tutto senza condannare. Tutti gli altri valori più elevati non sono altro che l'impeto inconscio dei secoli, che si esprime attraverso di noi e crea scompiglio con la sua influenza.

Abbraccia la consapevolezza cosciente e liberati del passato!

Considerazioni finali sui pregiudizi percettivi

Nota che potresti avere la tendenza a fare delle supposizioni negative sulle motivazioni di altre persone che sembrano averti fatto del male. Queste supposizioni negative sugli altri possono essere fatte in un lampo. Ad esempio, potresti essere alla guida e avere qualcuno che ti taglia la strada o che non ti dà la precedenza. In quell'istante, la tua mente potrebbe dire qualcosa di brutto su quella persona o sulle sue motivazioni. Quando ciò accade, fermati e nota che non sei sempre stato un pilota perfetto. Ricorda che altri probabilmente ti hanno accusato ingiustamente di essere spinto da motivazioni che non riflettevano la tua realtà. Forse anche a te è successo di non rispettare la precedenza, senza alcuna intenzione di imbrogliare. Ricorda a te stesso che non hai modo di sapere quale sia la situazione dell'altra persona, a meno che non ti abbia esplicitamente parlato della sua situazione e della sua motivazione.

Invece di proiettare automaticamente la negatività su altre persone, vedi se riesci a trovare alcune spiegazioni benevole del perché hanno fatto quello che hanno fatto, ma fallo sapendo che anche quei motivi benevoli sono speculazioni. Lo scopo dell'esercizio è solo quello di creare più flessibilità nel cervello, in modo che non proietti più motivazioni negative di default. Indipendentemente dal fatto che la speculazione sia positiva o negativa, non c'è bisogno di credere che sia assolutamente vera.

Infine, sforzati di condividere qualcosa di positivo con il mondo. Sii grato. Sii di conforto. Sii gentile. Queste azioni sono estremamente salutari per il tuo cervello, per le altre persone e per il mondo.

Capitolo 20

Emozioni guida

Potresti sorprenderti sapendo che una grande percentuale della corteccia cerebrale inibisce la consapevolezza, per escludere le informazioni che, consciamente o inconsciamente, abbiamo ritenuto di minore importanza. Questo screening è necessario per diversi motivi. In primo luogo, quella che potremmo chiamare la nostra "finestra di percezione vigile" ha una larghezza di banda dati limitata. Di conseguenza, il cervello deve dare la priorità alle informazioni che si fanno strada nella nostra finestra di percezione vigile, per consentire al corpo di avere informazioni sufficienti per poter sopravvivere.

In effetti, il cervello impedisce alla maggior parte delle informazioni di penetrare nella nostra consapevolezza. Sebbene lo screening sia necessario, il processo può andare storto, a seconda della priorità che diamo alla nostra attenzione. Quando le priorità sono fuori equilibrio, la nostra consapevolezza diminuisce e anche nella nostra vita si determina uno squilibrio.

Una volta, mentre vivevo in Giappone, ebbi il piacere di visitare la casa di un amico che viveva a pochi metri dai binari del treno dei pendolari. Ricordo di aver cenato con la sua famiglia e di aver avvertito un lieve terremoto ogni cinque minuti, al passaggio del treno. Il suono era travolgente e, per me, di grande distrazione.

Chiesi al mio amico come potesse vivere così vicino ai binari. Con mia sorpresa, disse che quasi non si accorgeva del passaggio dei treni.

"Il rumore e le vibrazioni non ti tengono sveglio la notte?" chiesi incredulo.

"No, veramente no. Mi ha infastidito molto nelle prime settimane, ma dopo non ho più notato niente. Se mi concentro, ovviamente, lo sento proprio come te, ma non è più una distrazione. Semplicemente, ci siamo abituati".

Il cervello del mio amico aveva svolto un ottimo lavoro nel filtrare le informazioni ritenute inutili. Considera il tuo battito cardiaco: la maggior parte delle persone è del tutto incapace di sentire il proprio battito cardiaco, a meno che non venga percepito bene a causa della tachicardia o di qualche altro tipo di problema al cuore.

Potresti essere sorpreso di scoprire che, prestandole un'attenzione prioritaria, col tempo potresti diventare consapevole della pulsazione nel corpo. Puoi diventare consapevole delle pulsazioni in qualsiasi parte del corpo, in qualsiasi momento. È incredibile sentirne chiaramente la danza ovunque.

La domanda è: perché non siamo tutti in grado di sentire le pulsazioni? In realtà non è una cosa difficile da rilevare, perché il tuo corpo è fisicamente mosso dalla forza di quelle pulsazioni. L'unica barriera alla nostra consapevolezza è il filtro inconscio.

Potresti non essere interessato a sentire il tuo polso, e va bene, ma il tuo cervello filtra altre informazioni che faresti bene a notare, come lo stato in cui ti trovi quando sta per innescarsi in te una risposta emotiva.

Affinché un'emozione possa esprimersi, il corpo deve essere in una postura compatibile con quell'emozione. Per capire come si esprimono le emozioni, possiamo ricorrere a un gioco di parole riguardo al termine "emozione" (*emotion* in inglese), ponendo che la E iniziale significhi "energia". E-motion significa quindi "energia del movimento".

Tutto il movimento è alimentato dall'emozione. Se non avessi assolutamente nessuna emozione, non potresti muovere il tuo corpo, né potresti pensare, perché non ci sarebbe carburante per quei movimenti.

Quando si impara a seguire le tracce degli animali, per capire come sono fatte, si potrebbe fare un prezioso esperimento: se seppellisci il corpo nella sabbia fino al collo e poi le persone ti camminano intorno, potrai sentire la pressione rilasciata dal loro peso spostarsi sulla superficie della sabbia. Questi rilasci fanno sì che onde di pressione si allontanino da ogni passo in tutte le direzioni attraverso il terreno, cosa che puoi sentire quando sei sepolto nella sabbia.

Se esploriamo le nostre emozioni mentre siamo letteralmente sepolti, potremmo notare alcune strane limitazioni. L'umorismo fornisce un perfetto esempio di come i nostri corpi debbano muoversi per provare emozioni. Ad esempio, se sei sepolto fino al collo, potresti rimanere scioccato nello scoprire che non sei in grado di ridere. Qualcuno potrebbe raccontarti una barzelletta che normalmente ti farebbe morire dal ridere, ma che, quando il tuo corpo è per lo più sepolto, non suscita nemmeno una risatina. Non solo non ridi, ma non ci trovi niente di umoristico.

Non essere in grado di ridere mentre si è sepolti è un'esperienza che fa davvero pensare. In questo stato non cogliamo l'umorismo perché la sabbia o il terreno premono sul diaframma, limitandone il movimento. La risata proviene dal diaframma; quindi, se non siamo in grado di muoverci in modo tale da poter ridere, non solo non rideremo, ma non coglieremo nemmeno l'umorismo. La battuta, non importa quanto possa essere divertente per gli altri, a te non susciterà alcuna risposta emotiva, il che significa che ti sentirai completamente indifferente. L'emozione è sempre legata al movimento; se il movimento è limitato in modi che potrebbero limitare l'espressione fisica di una certa emozione, non proveremo quell'emozione.

Armati di questa conoscenza, oltre che della consapevolezza delle posizioni del corpo e di come influenzano le emozioni, possiamo amplificare alcuni sentimenti di nostra scelta e limitare altri modelli emotivi meno sani.

Per possedere una tale capacità di trasformazione, dobbiamo prima dare la priorità alle informazioni che il cervello blocca nella nostra finestra di percezione quotidiana. Dobbiamo interessarci e prestare attenzione alla postura del corpo, quando proviamo emozioni diverse. Inoltre, dovremmo notare come quelle emozioni influenzano il nostro schema di respirazione, poiché a ogni emozione è abbinata una respirazione specifica. Modificando la nostra postura e respirando consapevolmente, possiamo esercitare un enorme controllo su ciò che sentiamo emotivamente e sui nostri pensieri.

Possiamo usare il nostro elevato stato di consapevolezza per iniziare a mappare, ogni giorno, le emozioni in base alla postura del corpo e ai modelli di respirazione. In questo modo, scopriremo presto di avere potere sulle nostre emozioni attraverso la consapevolezza, la postura e la respirazione.

Prova questo esercizio: ricorda un momento in cui hai provato una gioia pazzesca. Consenti alla sensazione di gioia di prendere il sopravvento sul tuo corpo e, una volta che la senti fisicamente, nota la tua postura, la posizione della testa e il tuo schema di respirazione. Fai lo stesso esercizio con un'emozione negativa, come la tristezza. Ricorda un periodo in cui eri completamente oppresso dal dolore. Senti quel dolore in tutto il corpo, poi osserva la tua postura. Scoprirai che la postura della gioia è molto diversa dalla postura del dolore.

Semplicemente assumendo la postura della gioia, scoprirai che, entro un minuto o due, inizierai a sentirti più gioioso. Al contrario, assumere la postura del dolore creerà in pochi minuti sentimenti di tristezza.

Proprio come c'è un range di respirazione e un range di postura per ogni emozione, così c'è anche un range di respirazione e postura correlato alla consapevolezza sferica. Per mappare la respirazione e la postura relative alla consapevolezza sferica, entra in una buona meditazione di consapevolezza sferica seguendo i passaggi della Meditazione del Guerriero. Quando ti senti espanso in modo sferico, nota le condizioni del tuo corpo.

- Stai seduto o in piedi?
- Qual è il tuo schema respiratorio?
- Quanta tensione fisica c'è?

Esercitarci a prendere nota delle emozioni, del pensiero, dei sentimenti e di come queste cose si relazionano alla postura del corpo e alla respirazione ci rende individui altamente consapevoli, in grado di guidare in modo costruttivo la nostra mente subconscia. Grazie a tale consapevolezza e capacità, saremo facilmente in grado di riscrivere la nostra neurologia in modi costruttivi.

Capitolo 21

Meditazione istantanea

Dopo aver praticato quotidianamente la Meditazione del Guerriero per circa un mese, il passo successivo è iniziare a ridurre il tempo che passi in ogni fase del processo di meditazione, in modo da poter sviluppare la capacità di entrare più rapidamente in uno stato meditativo. Con la capacità di meditare rapidamente, potrai applicare più facilmente, durante la giornata, la consapevolezza espansa.

Ovviamente, il criterio di meditazione di due secondi stabilito dalla tradizione del mio dojo è impossibile, se vogliamo eseguire tutti e sette i passaggi della pratica di base della TEM, ma nota che non sto suggerendo che quei sette passaggi non siano vitali per condurci, alla fine, all'abilità dei due secondi. Mettendo da parte le arti marziali, qual è la cosa necessaria per poter raggiungere uno stato di meditazione in meno di due secondi? Considerando la nostra società moderna e frenetica, e la crescente epidemia di disturbi d'ansia e depressione, suggerisco che la capacità di entrare in contatto istantaneamente con una condizione di calma chiarezza non sia mai stata più necessaria.

Quindi, come possiamo addestrare il nostro cervello a passare dagli stati d'onda beta a quelli alfa in un istante? Mentre continuiamo a praticare la meditazione, il trucco è ridurre gradualmente il tempo che dedichiamo a ogni fase di essa. Ci sono sette passaggi per la meditazione del guerriero, se includiamo nel procedimento la respirazione vagale. Se, ogni giorno, pratichiamo per 15 minuti come principianti, vuol dire che dedichiamo circa due minuti a ciascun passaggio, il che è un ottimo tempo per iniziare.

Per lavorare al fine di acquisire abilità meditative più veloci, usa un timer, che imposterai su un minuto. A ogni fase della Meditazione del Guerriero assegneremo solo un minuto, il che ci porterà all'ultimo passaggio della consapevolezza espansa, a circa metà della pratica. Una volta raggiunto il passaggio finale, rimani in quello stato espanso per il resto del tempo.

Quello che probabilmente scoprirai è che sei in grado di entrare in uno stato profondamente meditativo in soli sette minuti. Se la situazione è in effetti questa, riduci ulteriormente il tempo tra ogni passaggio: a 30 secondi, per esempio. Quello che la maggior parte delle persone scopre è che, anche con soli 30 secondi tra ogni passaggio, è in grado di entrare in una meditazione tanto profonda come quella che potrebbe praticare se avesse assegnato due minuti a ogni passaggio.

Continua a ridurre i tempi tra ogni passaggio, finché non inizi a sentirti davvero messo alla prova. Se pratichi la Meditazione del Guerriero ogni giorno per 15 minuti, scommetto che entro due mesi sarai in grado di fare ogni passo in 10 secondi e raggiungere comunque un potente stato meditativo.

Una volta in grado di entrare in una potente meditazione con soli cinque secondi a passaggio, sei pronto per fare il salto nella meditazione istantanea.

Meditazione lampo

Il processo della meditazione lampo è semplice. Per prima cosa, dedica qualche secondo alla valutazione del tuo grado di tumulto interiore. Se dovessimo classificare il tumulto su una scala da uno a dieci, a quale punto della scala ti metteresti, in questo istante? Fai attenzione a includere l'eccitazione nella tua valutazione; l'eccitazione è un'energia che causa stress, perché ci porta in onda beta. Anche se l'eccitazione sembra divertente, può rapidamente prendere il sopravvento e portare a una reattività inconscia.

In generale, un punteggio di quattro, o superiore, sulla scala del tumulto indicherebbe un alto potenziale di reattività inconscia, perché, una volta che l'energia del tumulto diventa così alta, può passare a dieci in un istante. Con un punteggio di tre ci vuole un po' più di tempo per raggiungere uno stato di apparente disarmonia. Con un livello di due, ci vuole ancora più di tempo per passare a uno stato di reattività. A livello uno, sei quasi imperturbabile. A quel livello, ci vorrà un certo impegno e tempo per arrabbiarsi. Man mano che pratichi la valutazione interiore, affini la capacità di riconoscere la tua scala personale; quindi non preoccuparti troppo di eventuali imprecisioni iniziali o mancanza di accuratezza nella fase di valutazione.

Una volta che hai una valutazione, concediti non più di uno o due secondi per passare alla fase finale della Meditazione del Guerriero, che è la consapevolezza sferica rilassata. Se questo passaggio viene eseguito correttamente, la sensazione dentro di noi e lo spazio intorno a noi sembrerà calmarsi notevolmente e il respiro, la pressione sanguigna e persino la frequenza cardiaca potrebbero rallentare. Per quanto riguarda la nostra scala, miriamo a un livello pari o inferiore a due, durante le nostre meditazioni lampo, perché a quel livello abbiamo una probabilità assai più alta di rimanere più calmi durante la giornata.

Fai attenzione a non pensare troppo alla meditazione lampo. Usa la tua immaginazione in modo produttivo per sentire l'espansione ben oltre il corpo.

Mentre pratichi regolarmente la meditazione lampo per un periodo di settimane o mesi, dovresti notare un miglioramento nelle tue valutazioni e nella profondità della calma chiarezza che raggiungi. Inizialmente, l'intero processo di meditazione lampo non dovrebbe richiedere più di cinque o dieci secondi. Con la pratica, sarai sempre consapevole di qualsiasi tumulto interiore, quindi potrai saltare la valutazione del tumulto e andare direttamente alla consapevolezza sferica in qualsiasi momento.

Per integrare la meditazione nella vita quotidiana, la meditazione lampo è indispensabile. Man mano che ti abitui alla meditazione lampo, è probabile che scoprirai che il campo della consapevolezza cosciente raramente ti abbandona del tutto. Potresti sentire che, anche quando sei concentrato su qualcosa, da qualche parte – sullo sfondo – permane il senso di consapevolezza espansa. Sarai poi in grado di mettere la coscienza "in primo piano" o sullo "sfondo", proprio come fai con le finestre del tuo computer. Le finestre della mente e della coscienza diventano quindi prospettive tra le quali puoi spostarti avanti e indietro con facilità, a seconda delle circostanze. A quel punto, la mente compulsiva non è più la padrona.

Configurazione di un trigger (fattore scatenante)

Segnatempo come sveglie, orologi, eccetera possono essere trigger molto utili. L'unico problema con i segnatempo è che, per moltissimi di noi, sono costituiti da smartphone. Dopo molte sperimentazioni, ho scoperto che gli smartphone sono l'anatema della consapevolezza cosciente per la maggior parte delle persone.

Grazie alla grande dipendenza da dopamina che molti di noi hanno favorito utilizzando lo smartphone, tendiamo ad abbandonare la meditazione anche solo guardandolo. Pure per i meditatori avanzati, gli smartphone possono rivelarsi una nemesi. Tieni presente, tuttavia, che i fallimenti sono, in realtà, lezioni di vita e sfide da superare. Detto questo, uno smartphone potrebbe essere troppo impegnativo, all'inizio. Per le persone che non sono dipendenti degli smartphone, potrebbero essere un ottimo trigger. Per chiunque abbia problemi con lo smartphone, tuttavia, è consigliabile scegliere inizialmente un trigger diverso.

La chiave per impostare un buon trigger dipende da quanto spesso vi accediamo consapevolmente. Un cattivo trigger potrebbe essere un quadro nel nostro ufficio che, inconsciamente, guardiamo mentre ci prendiamo una pausa di tanto in tanto durante il giorno. Poiché non stiamo interagendo con il quadro con un intento cosciente, questo potrebbe non avere abbastanza potere per ricordarci di effettuare la meditazione lampo. Scegli qualcosa con cui interagisci intenzionalmente. Gli orologi sono fantastici per questo, proprio perché li guardiamo solo con uno scopo. Vogliamo praticare la meditazione lampo almeno da cinque a dieci volte al giorno; quindi, qualunque cosa tu scelga, dovrebbe trattarsi di qualcosa con cui hai intenzionalmente a che fare altrettante volte al giorno.

Una volta deciso un trigger, dovrai potenziarlo. Il modo per potenziarlo è eseguire ripetutamente il processo di meditazione lampo per almeno cinque volte, una dopo l'altra. Guarda il trigger, vai in un lampo nella consapevolezza sferica rilassata e poi distogli lo sguardo. Quindi guardalo di nuovo e di nuovo torna in un lampo nella consapevolezza sferica rilassata. Ripeti altre tre volte e probabilmente avrai stabilito un trigger funzionale.

Il modo per testare questo trigger è continuare la giornata senza ulteriori pensieri coscienti sulla meditazione lampo. Se, la prossima volta che interagisci con lo stimolo designato, questo ti ricorda di praticare la meditazione lampo, allora sai che il trigger è ben impostato. Se non riesce a ricordarti di meditare, può essere che il trigger non sia stato impostato bene o che, a causa della tua mancanza di interazione intenzionale con l'oggetto, non sia un buon dispositivo-trigger.

Attenzione: ogni volta che l'oggetto scelto ti ricorda di meditare e scegli di non farlo, stai indebolendo il trigger. Per mantenerlo forte, dobbiamo continuare a rafforzare l'associazione tra esso e l'azione della meditazione lampo.

Capitolo 22

Ritorno all'essenziale

Ora che abbiamo appreso molteplici e flessibili applicazioni e utilizzi per la Meditazione del Guerriero, è importante ricordare al lettore che tutto il buon allenamento poggia su delle solide basi di fondamenti. Il mio insegnante di arti marziali in Giappone - Shizen Osaki, un istruttore Master di molteplici arti dei samurai – dice spesso il segreto della maestria si trova nelle basi. Naturalmente, quando mi sono avvicinato alla tradizione e ho iniziato gli studi, ero ansioso di superare le basi per esplorare le tecniche avanzate più allettanti. Trovavo strano che il mio insegnante continuasse a ricordare anche agli studenti più anziani di prestare attenzione alle basi. Ma dopo aver ricevuto la licenza di Master ed essere diventato io stesso un insegnante, anch'io ho notato la tendenza delle persone a tralasciare le basi e, così facendo, a perdere elementi vitali che, se assimilati, consentirebbero loro di apprendere con più facilità.

Per quanto riguarda le basi, la meditazione è come le arti marziali: sorvolare sui fondamenti comporterà sicuramente degli sforzi altrimenti inutili e, potenzialmente, impedirà il raggiungimento della maestria. Proprio come faceva spesso il mio insegnante, anche io incoraggio i miei studenti a tornare alle basi per perfezionarsi, quando si trovano davanti a una barriera apparentemente insormontabile nella loro pratica di meditazione. Durante i miei studi, torno ripetutamente alle basi e credo che farlo si sia rivelato estremamente vantaggioso per la mia vita.

Per quanto riguarda la meditazione, si tende non solo a sottovalutare l'importanza delle basi, ma anche ad associare la pratica a una severa disciplina, un'associazione che, nel tempo, crea tutta una serie di problemi. Associare la meditazione alla disciplina è del tutto comprensibile, considerando che molte delle antiche tradizioni da cui deriva la meditazione moderna insegnano che, per meditare, è necessaria una severa disciplina. Sfortunatamente, una severa disciplina può portare a rigidità e richiedere sforzi inutili, il che è effettivamente controproducente nella meditazione.

Inoltre, in tutto il mondo viene comunemente insegnato che qualsiasi cosa valga la pena fare richiede molto impegno. I film, la TV e, naturalmente, gli sport glorificano la vittoria attraverso il sangue, il sudore e le lacrime; così i bambini, come anche gli adulti sognano di combattere e di uscirne vittoriosi, nonostante le probabilità a sfavore. Sicuramente queste fantasie affondano nel nostro passato genetico, quando la vita non era così facile e, a volte, era necessario combattere con le unghie e con i denti per la sopravvivenza.

Ho passato la maggior parte della mia vita ad allenarmi nelle antiche tradizioni giapponesi. Attraverso quell'addestramento, ho scoperto una strana dicotomia riguardo alla disciplina: gli insegnanti potevano essere piuttosto duri in relazione a quell'aspetto, eppure, attraverso i kuden (tradizioni orali insegnate ai livelli più alti) insistevano sul fatto che il vero sentiero era quello dello sforzo senza sforzo e della non resistenza.

Grazie alla mia pratica, ho scoperto che una meditazione veramente trasformativa è un'esperienza gioiosa di connessione con l'essere interiore più profondo e l'ambiente che ci circonda. Ho scoperto che lo sviluppo di una pratica di meditazione sana e potente non richiede una disciplina rigorosa (sebbene una certa dose di disciplina sia appropriata), ma piuttosto perseveranza e giusto atteggiamento verso la pratica.

Per quanto riguarda la perseveranza, ciò a cui mi riferisco è ben esemplificato da un bambino che impara a camminare. Il bambino non ha il concetto di disciplina. Ha invece un forte desiderio istintivo di camminare, che lo stimola a provare e riprovare, a prescindere da fallimenti passati e atterraggi dolorosi. Il bambino cade più e più volte, a volte piange per la frustrazione, ma dopo poco tempo riprova ad alzarsi ancora una volta. Di solito, attraverso la naturale perseveranza, l'individuo alla fine è in grado di camminare, correre e, infine, sviluppare la capacità di fare tutte le cose che gli adulti sani danno per scontate.

Proprio come un bambino che impara a camminare grazie alla sua perseveranza, noi dobbiamo essere perseveranti nello stabilire una pratica di meditazione nella nostra vita quotidiana. Alla fine, attraverso l'impegno quotidiano, ci sarà così tanto slancio nella nostra pratica di meditazione che ci sembrerà che l'universo stesso stia meditando attraverso i nostri corpi. Così deve essere.

Nel corso degli anni ho ricevuto un flusso costante di domande riguardanti il Metodo di Inclusione Totale. Che a porle siano principianti o meditatori di lunga data, la maggior parte di queste domande ha un tema comune e a tutte queste si potrebbe rispondere in modo simile: "Dedicati alle tue pratiche di meditazione quotidianamente, ma, durante la pratica, usa progressivamente meno sforzo... rilassati".

L'unica questione riguarda il modo in cui noi, studenti, genitori, impiegati e capi impegnati, possiamo dedicare del tempo alla meditazione quotidiana. A meno che non ci prendiamo il tempo per praticare la meditazione ogni giorno, non saremo in grado di ottenerne i benefici.

Grazie alla flessibilità funzionale della TEM, credo che troverai abbastanza facile adattarla al tuo programma quotidiano. Puoi esercitarti al volo, nel bel mezzo della tua vita quotidiana: in macchina, mentre cammini, mentre parli, mentre lavori. Con una pratica regolare e sostenuta delle basi, la consapevolezza arricchirà la tua vita e quella delle persone intorno a te. Il coniuge, i figli, gli amici e persino il tuo capo staranno meglio grazie al tempo che avrai passato a includere la consapevolezza nella tua vita.

Punta alla semplicità e medita così ogni giorno: la tua vita migliorerà.

Capitolo 23

Meditazione naturale

A metà degli anni 2000, incontrai in Giappone un noto istruttore di sopravvivenza che aveva imparato dagli indigeni delle Prime Nazioni (i popoli autoctoni del Canada odierno, NdT). Vivevo a Tokyo dalla fine degli anni '90 per studiare le arti marziali e curative tradizionali. Sebbene le abilità di sopravvivenza non siano più insegnate nelle scuole di arti marziali giapponesi, ai tempi dei samurai queste facevano parte del curriculum; quindi frequentavo corsi di sopravvivenza per integrare il mio addestramento nelle arti marziali.

L'istruttore sapeva che ero un praticante di arti marziali avanzato e un fervente meditatore; quindi mi chiese del mio metodo di meditazione. Mi ascoltò attentamente mentre spiegavo il mio approccio di base. Poi disse: "Chi ti ha insegnato questa meditazione? Questo è un metodo segreto insegnato solo ai livelli più alti".

La domanda mi colse un po' alla sprovvista: il metodo che stavo usando sembrava così naturale e benefico che non poteva e non doveva essere un segreto. Certo, il metodo è peculiare, rispetto ad altre meditazioni nate da religioni e sistemi spirituali orientali, ma segreto?

Gli dissi che pensavo che il metodo fosse molto semplice e basilare, ma lui sottolineò ancora una volta che il metodo era in realtà il più avanzato. I suoi commenti sono rimasti per anni nei recessi della mia mente. Durante quel periodo, non condivisi il metodo con nessuno tranne che con Osaki Sensei. Non mi sentii di condividere il metodo al di fuori del dojo del mio insegnante fino a qualche anno dopo, quando insegnare diventò una mia responsabilità.

Al mio ritorno negli Stati Uniti, aprii immediatamente un dojo e iniziai a insegnare. A causa delle preoccupazioni che nutrivo sul metodo di meditazione, per più di un anno mi astenni dal condividerlo. Anche se a volte, dopo le lezioni, parlavo di meditazione, non pensavo che i miei studenti fossero particolarmente interessati. Un giorno, con mia grande sorpresa, uno degli studenti mi chiese di insegnare la meditazione.

Inizialmente esitai, a causa dei dubbi che nutrivo. Temevo che il metodo di meditazione potesse essere troppo difficile per i miei studenti. Considerando che sopra il nostro dojo vi era un rumoroso studio di danza, ero anche preoccupato che il frastuono potesse distrarli eccessivamente.

Con la mancanza di isolamento tra il nostro soffitto e il loro pavimento in legno, il divisorio diventava un altoparlante gigante, amplificando la musica e i passi. Le intense vibrazioni scuotevano costantemente i pannelli del soffitto, facendo cadere piccole particelle bianche che andavano poi a posarsi sui tappetini neri.

Considerando il frastuono, non riuscivo a immaginare che i principianti potessero meditare in quel luogo. Nonostante gli ostacoli, le richieste di un corso di meditazione continuarono.

Alla fine decisi di provare. La musica era a tutto volume, come al solito, e le vibrazioni dei piedi dei ballerini che colpivano il pavimento risuonavano come un balletto di bufali, ma i miei studenti erano entusiasti. Con mia grande sorpresa, entrarono in un potente stato meditativo in mezzo al frastuono.

Meditammo per circa 20 minuti, prima di iniziare la pratica delle arti marziali. Quando iniziammo l'allenamento nelle arti marziali, gli studenti furono lieti di scoprire che la meditazione aveva notevolmente migliorato la loro esecuzione delle tecniche marziali.

Circa un mese dopo, un altro istruttore che condivideva lo spazio con me mi chiese se il figlio di sei anni avrebbe potuto partecipare alla parte di meditazione della lezione. Inizialmente pensavo che un bambino non potesse meditare, ma, poiché sembrava davvero sincero, lo lasciai provare. Pensai che avrei potuto lasciarlo andare via prima della fine della lezione, se mi fosse sembrato annoiato. Con mio grande stupore, il bambino era perfettamente adatto all'esperienza meditativa. Sembrava amare la meditazione, e questa impressione fu confermata quando mi chiese con entusiasmo se poteva partecipare alla lezione successiva.

Alla luce dell'incredibile risultato ottenuto con il bambino, iniziai a insegnare la meditazione con più serenità. Ho sentito che queste esperienze hanno dimostrato l'idoneità del metodo sia per i meditatori principianti che per quelli avanzati. La mia conclusione: la TEM non è un metodo avanzato, è naturale.

Cominciai a chiedermi, però, perché il metodo fosse praticamente sconosciuto al mondo. Dopotutto, mi sembrava assolutamente ovvio. Dopo aver preso in esame l'argomento per un po' e aver riflettuto su come avevo scoperto il metodo, ho concluso che questo è così naturale da essere stato semplicemente ignorato, perché spesso non riusciamo a notare le cose più semplici.

Ho cominciato a ipotizzare che gli insegnanti moderni non conoscano questo metodo in quanto era stato raramente (se non mai) insegnato in modo esplicito, perché non ce n'era bisogno. Ai vecchi tempi, nel corso dell'apprendistato di un discepolo, l'incorporazione dei principi di consapevolezza avveniva in modo del tutto naturale.

In India, ad esempio, i meditatori di livello avanzato di solito trascorrevano settimane, mesi o persino anni vivendo come asceti in natura come parte del loro addestramento. Durante il tempo trascorso da solo nella natura, l'adepto acquisiva naturalmente l'essenza del metodo TEM, senza che gli fosse mai stato insegnato. Lo stesso potrebbe dirsi per i cacciatori-raccoglitori di tutto il mondo, indipendentemente dall'epoca in cui hanno vissuto.

Ho ipotizzato che in quelle circostanze primordiali non ci fosse mai stato bisogno di formulare un metodo. In poche parole, se un essere umano viene inserito nel giusto contesto ambientale, da solo, per un periodo di tempo sufficiente, emerge automaticamente una consapevolezza meditativa espansa.

Immagina di vivere da solo nella giungla dell'India, dove potrebbero cercarti leopardi e cobra e dove potresti andare incontro a ogni sorta di morte raccapricciante. In tali circostanze, emerge necessariamente una certa consapevolezza calma ed espansa che ti permette contemporaneamente di conservare le energie, migliorare l'istinto e acquisire un senso di unità con l'ambiente. Senza queste qualità vitali, probabilmente moriresti a causa di errori madornali provocati dall'ansia o divorato da qualche predatore.

La chiave per far emergere queste qualità risiede nella bellezza naturale dell'ambiente, così come nei pericoli e nelle pressioni del vivere dei frutti della terra. In assenza dell'influenza della natura o in mancanza di un metodo ben articolato per far emergere la nostra consapevolezza innata, iniziamo a fare affidamento su metodi artificiosi, che richiedono uno sforzo maggiore e che sono, in una certa misura, incoerenti con i requisiti per la sopravvivenza della vita allo stato brado.

Ho capito che la TEM, nonostante la mia formulazione, è solo un modo per simulare ciò che accade naturalmente quando gli esseri umani si trovano nelle giuste circostanze. Da questa prospettiva, la TEM non rappresenta un nuovo metodo di meditazione, bensì la meditazione originale e primordiale. Poiché la TEM è totalmente naturale, non potrà mai andare veramente persa: finché ci saranno esseri umani che vivranno nella natura selvaggia, tenderà ad emergere spontaneamente, anche se quegli esseri umani non saranno in grado di parlarne in maniera articolata.

La dedizione a lungo termine alla meditazione naturale si è dimostrata inestimabile per la mia trasformazione personale, nella vita quotidiana, consentendomi un'inclusione profondamente integrata della consapevolezza. Ho anche scoperto che la consapevolezza naturale può essere trasformativa in molte altre aree di studio, comprese le modalità di guarigione, le arti marziali e, naturalmente, le abilità di sopravvivenza. Dopo anni di insegnamento della TEM, mi sono reso conto che essa si fonde bene con ciascuna delle nostre vite in modi unici ma sovrapposti e che promuove una profonda trasformazione all'interno dell'individuo che poi risplende nel mondo.

Va riconosciuto che i contributi più significativi per lo sviluppo del metodo sono stati l'addestramento dei samurai, il lavoro di guarigione e la ricerca della visione.

La TEM apre i sensi, accresce la consapevolezza e ci integra infondendo in noi un senso di pace interiore e di unità. Soprattutto, ci aiuta a includere la consapevolezza, portandoci fuori dai regni dell'astrazione mentale, della filosofia e dell'ego, verso un'esperienza vissuta e prolungata del momento presente.

Forse, quando vivevano a contatto con la terra, gli esseri umani non avevano bisogno di meditare per essere consapevoli e sentirsi un tutt'uno, ma ora che così pochi di noi vivono vite incentrate sulla natura e così tanti di noi si sentono scollegati, abbiamo un vero bisogno di riconnetterci con la vita, e per questo abbiamo bisogno del potere di metodi naturali come la TEM.

Allora, cos'è che rende gli esseri umani moderni così inconsapevoli e fuori dal mondo? Fin dalla prima infanzia ci viene insegnato a concentrarci su tutto ciò che facciamo. I bambini vengono inconsciamente allenati a focalizzare la loro attenzione sull'esclusione attraverso la chat, guardando la TV, navigando in Internet, giocando ai videogiochi, leggendo, scrivendo, eccetera. Poche attività comuni, se mai ce ne sono, mettono in evidenza il tipo di consapevolezza rilassata di un maestro samurai o di uno sciamano amazzonico, per esempio.

L'effetto della focalizzazione abituale è la disarmonia psicologica, che può stimolare l'egocentrismo, l'ansia, la depressione e un numero di altre malattie nate da un senso di separazione dal mondo che ci circonda.

Fortunatamente, non abbiamo bisogno di unirci a una tribù o di vivere da soli nel deserto per trovare un senso di connessione. Possiamo accedervi in casa, in treno, in auto, al lavoro e, infine, in tutta la vita quotidiana, una volta che ci siamo abituati alla pratica.

Poiché la TEM rappresenta il primo e più naturale approccio alla meditazione che è in linea con il nostro sviluppo evolutivo, è perfettamente adatto per aiutare gli esseri umani moderni a riequilibrare la percezione, ristabilire il naturale senso di unità e ripulire lo spazio interiore, in modo che la sfiducia, la paura irragionevole, l'ansia, la depressione e l'egocentrismo non vi abbiano dimora. La pratica di questi metodi naturali ci porterà sicuramente verso una vibrante ispirazione e chiarezza.

L'unica domanda che rimane è: sei pronto ad aumentare la consapevolezza nella tua vita?

Vai avanti con consapevolezza!

Richard L. Haight
www.richardlhaight.com

Grazie mille per aver letto *La meditazione del guerriero*. Se ti è piaciuto il libro, ti sarei davvero grato se potessi lasciare una recensione su Amazon.com. Grazie di cuore!

Consultazione rapida

MANTRA

Numerosi approcci di meditazione tradizionali fanno uso di mantra, ma il più popolare è probabilmente la Meditazione Trascendentale, comunemente nota come MT. La MT ha ottenuto gran parte della sua popolarità iniziale grazie ai Beatles, che erano dei cantanti professionisti e ardenti sostenitori di Maharishi Mahesh Yogi, il fondatore della MT.

Maharishi Mahesh Yogi ha formulato la MT − una scuola di meditazione di concentrazione Samatha − in India, all'inizio del XX secolo. Poiché la MT è un metodo di concentrazione, esiste un punto di messa a fuoco prestabilito. Il punto focale della Meditazione Trascendentale è la ripetizione di un mantra nella tua mente, da eseguire per 20 minuti, due volte al giorno, con gli occhi chiusi.

Sebbene i praticanti affermino che la Meditazione Trascendentale non è una pratica religiosa, i detrattori sostengono che l'uso del mantra è un elemento religioso. Infatti, nel 1977, a causa della presunta natura religiosa del metodo MT, un tribunale distrettuale federale degli Stati Uniti stabilì che un corso di MT che veniva insegnato in alcune scuole del New Jersey violava il Primo Emendamento.

Che sia di natura religiosa o laica, la Meditazione Trascendentale si è diffusa in tutto il mondo ed è persino praticata in alcune scuole e carceri, e molte sono le persone che affermano di trarre beneficio dalla pratica.

Per avere un'idea di come funziona un mantra, ho riassunto un approccio laico di base che puoi praticare.

Tempo

Per una pratica iniziale, 15 minuti vanno bene.

Luogo

Qualsiasi posto comodo e senza distrazioni.

Posizione

Siediti comodamente, con la colonna vertebrale non troppo diritta.

Occhi

Chiusi

Procedimento

Chiudi gli occhi e usa il respiro per rilassare il corpo. Solo pochi respiri profondi sono generalmente sufficienti per calmare il corpo, ma fai tutti i respiri che ti sono necessari per rilassarti.

Durante i 15 minuti di pratica, ripetiti un mantra nella mente. Un mantra è, in genere, una parola di una sillaba o una breve frase. Per la tua esperienza, puoi usare qualsiasi parola che ti piace. Potrebbe essere una parola nella tua lingua o in un'altra. Seleziona una parola che trasmetta un significato che ti piace. Ad esempio, potresti usare una parola come "amore", "pace" o "uno".

Conclusione della meditazione

Dopo 15 minuti, apri gli occhi e muovi le dita delle mani e dei piedi per alcuni minuti, per stimolare un aumento della pressione sanguigna prima di tentare di alzarti in piedi. Alzati lentamente e con attenzione e prosegui la giornata.

Gestire la distrazione

Quando sorge un pensiero o un'agitazione interiore, riporta semplicemente la tua attenzione al mantra.

Riepilogo del mantra

1. Medita per 15 minuti
2. Siediti comodamente con la colonna vertebrale leggermente eretta e gli occhi chiusi
3. Ripeti mentalmente il tuo mantra (una parola come "amore", "pace" o "uno")
4. Per terminare la meditazione, apri gli occhi e muovi le dita delle mani e dei piedi per diversi minuti, per stimolare la pressione sanguigna prima di alzarti

MEDITAZIONE ZEN

Zazen, che significa "Zen seduto", è la principale pratica di meditazione che si trova nel Buddismo Zen. Lo Zen è una delle forme di buddismo più conosciute, ma meno comprese al mondo.

Lo Zen è una forma giapponese di buddismo Mahayana. Quando il buddismo arrivò in Cina dall'India, fu naturalmente influenzato dalla filosofia taoista e divenne quella che è conosciuta come "la scuola del buddismo Chan", che è in qualche modo distinta dal buddismo indiano.

La meditazione Zen, nota come Zazen, enfatizza la pratica disciplinata e il rigoroso autocontrollo, qualità che i samurai apprezzavano. Per questo motivo, lo Zen è una religione strettamente legata a molti sistemi di arti marziali dei samurai.

Lo Zen si concentra più sulla percezione esperienziale diretta della natura della realtà e sul vivere in base a tale *insight* (termine di origine inglese - letteralmente "visione interna" - usato in psicologia per definire il concetto di "intuizione", nella forma immediata e improvvisa, NdT) nella vita quotidiana a beneficio della società, che non sui Sutra (insegnamenti religiosi del Buddismo). In quanto tale, la pratica della meditazione da seduti ha il preciso scopo di ottenere l'*insight*.

Lo Zen potrebbe essere visto come un mix di Samatha e Vipassana, poiché abbraccia la concentrazione (Samatha), ma lo fa con lo scopo esplicito di comprendere la natura essenziale della realtà, che è un obiettivo Vipassana (consapevolezza).

La mia prima esperienza di Zazen è stata in un tempio notoriamente austero a Kamakura, in Giappone. Sono rimasto sorpreso vedendo il maestro Zen camminare per la sala di meditazione con un *keisaku*, che può essere tradotto come "bastone di avvertimento", mentre sedevamo a gambe incrociate su *zabuton* (cuscini di seduta) con la schiena perfettamente eretta e gli occhi rivolti verso il basso, quasi chiusi, a formare un angolo di 45 gradi. Anche se la pratica mi piacque molto, la natura rigorosa di Zazen e la possibilità di essere colpiti con un bastone (per quanto non provochi danni effettivi) potrebbero scoraggiare molte persone.

I maestri Zen usano il *keisaku* per colpire le spalle dei meditatori che prendono una brutta postura o perdono la concentrazione. A seconda del tempio, i colpi possono essere inferti su richiesta del meditatore o a discrezione del maestro. In entrambi i casi, i colpi sono considerati atti di compassione intesi ad aiutare il meditatore, non punizioni.

Esistono due scuole principali di Zen nel Giappone moderno. La scuola Rinzai fa uso dei *koan*. I *koan* sono storie, dialoghi, domande o affermazioni usate per confondere la mente nel silenzio. La scuola Soto non fa uso di *koan*, ma enfatizza, invece, la meditazione silenziosa e concentrata per realizzare la "non mente".

Poiché questo libro ha lo scopo di evidenziare approcci di meditazione semplici e laici, descriverò qui il metodo di meditazione di base della scuola Soto, poiché molto può essere perso, in significato ed effetto, nella traduzione del *koan* dal giapponese all'inglese o ad altre lingue. *Koan* o no, entrambe le scuole sottolineano la necessità di concentrarsi. La differenza principale consiste nello specifico punto di focalizzazione.

Secondo la scuola Soto, la pratica corretta della meditazione è la seguente (ho omesso i requisiti religiosi per altari, incensi, statue e/o dipinti di figure religiose, che sono comunemente previsti dalla scuola, poiché qui non pratichiamo necessariamente per scopi religiosi):

Tempo

Per le prime sessioni di pratica, usa un timer e impostalo su 20 minuti. Nel tempio dove ho praticato, credo che meditavamo per circa un'ora, ma per la maggior parte delle persone 20 minuti dovrebbero essere sufficienti per avere un'idea di questo metodo di meditazione.

Preparazione personale

È saggio evitare di meditare quando si è stanchi o assonnati. Si consiglia inoltre di mangiare con moderazione ed evitare l'alcol, prima della meditazione. Per stimolare lo stato di veglia, è una buona idea lavare viso e piedi con acqua fredda appena prima della pratica della meditazione.

Luogo

Per sederti, trova un posto tranquillo e pulito, dove ci siano poche possibilità di essere disturbato. Il luogo dovrebbe essere piacevolmente luminoso e caldo, non troppo luminoso né troppo buio e non troppo caldo né troppo freddo.

Abbigliamento

Evita di indossare indumenti stretti e pesanti che potrebbero bloccare la circolazione o creare pressione sulle articolazioni. È una buona idea indossare delle calze per tenere caldi i piedi.

Cuscino

Poiché probabilmente non avrai cuscini Zen, ti consiglio di utilizzare un cuscino da divano piccolo ma rigido su cui sederti, in una stanza dotata di moquette o tappeti, posizionando la base della colonna vertebrale al centro del cuscino, in modo che metà di esso sia dietro di te.

Posizionamento delle gambe

Sebbene siano raccomandate le posizioni del loto o del mezzo loto, se non sei in grado di sederti facilmente in quelle posizioni, incrocia le gambe nel modo che ti è più comodo.

Se sei abbastanza flessibile e vuoi provare a esercitarti nella posizione del loto, inizia mettendo il piede destro sulla coscia sinistra e poi il piede sinistro sulla coscia destra. La punta delle dita dei piedi e il bordo esterno delle cosce dovrebbero allinearsi.

Per la maggior parte delle persone, il loto non è una posizione comoda per sedersi, ma potresti sentirti a tuo agio nella posizione del mezzo loto. Per farlo, metti il piede destro sotto la coscia sinistra e posiziona il piede sinistro sulla coscia destra, con il tallone all'altezza dell'anca. Se sei più flessibile con l'altra gamba, puoi invece posizionare il piede destro sulla coscia sinistra, con la gamba sinistra incrociata sotto la coscia destra. Ancora una volta, la punta delle dita dei piedi e il bordo esterno della coscia dovrebbero allinearsi.

Indipendentemente dalla posizione in cui scegli di sederti, cerca di incrociare le gambe così da formare un triangolo equilatero, dalla colonna vertebrale a ciascun ginocchio, per bilanciare equamente il tuo peso corporeo su questi tre punti.

Postura

Raddrizza la parte bassa della schiena e la colonna vertebrale, spingendo i glutei verso l'esterno e l'addome in avanti. Allunga il collo verso il soffitto e piega il mento. L'obiettivo dovrebbe essere quello di avere le orecchie in linea con le spalle e il naso allineato con l'ombelico.

Una volta in posizione, rilassa il più possibile spalle, schiena e addome senza cambiare visibilmente la postura, cercando di rimanere fisicamente centrato.

Posizione delle mani

Posiziona entrambe le mani, con il palmo rivolto verso l'alto; i polsi saranno appoggiati sulla parte interna delle cosce e sull'addome, con le punte dei pollici che si toccano leggermente l'una con l'altra proprio davanti all'ombelico. Lascia un piccolo spazio tra le braccia e il corpo.

La bocca

Tieni la bocca chiusa, mettendo la punta della lingua contro il palato, appena dietro i denti.

Occhi

Chiudere gli occhi provocherà sonnolenza o sogni ad occhi aperti; quindi, mentre guardi verso il basso, tienili leggermente aperti con un angolo di circa 45 gradi.

Respiro

All'inizio, apri leggermente la bocca e fai respiri profondi, lunghi e fluidi, con l'obiettivo di espellere tutta l'aria dal fondo dei polmoni. Dopo questi respiri iniziali, chiudi la bocca e respira naturalmente attraverso il naso. Non è necessario controllare il respiro o respirare pesantemente. Lascia che il respiro assuma una vita propria.

Consapevolezza

Nella pratica Soto Zazen non c'è lo scopo di concentrarsi su un particolare oggetto esterno o un mantra o di controllare il pensiero. Invece, il tuo obiettivo dovrebbe essere quello di mantenere una corretta postura seduta. Secondo lo Zen, se la postura è corretta e il respiro si calma, la mente si acquieterà.

Ovviamente sorgeranno dei pensieri, ma l'obiettivo è quello di lasciarli scorrere senza prestare loro attenzione e senza tentare di evitarli o combatterli. Consenti ai pensieri e ai sentimenti di andare e venire da soli. L'unica preoccupazione, durante lo Zazen, è rimanere nella postura corretta e permettere al respiro di stabilizzarsi.

Conclusione della meditazione

Alzarsi dopo essere stati seduti per un lungo periodo di tempo può essere pericoloso, se le gambe si sono addormentate o se la pressione sanguigna si è abbassata. Per questo motivo, è opportuno muoversi un po', prima di alzarsi in piedi. Muovi il tuo corpo a sinistra e a destra, avanti e indietro alcune volte, prima leggermente e poi più vigorosamente, mentre fai respiri profondi. Apri le gambe e allungale per consentire il ritorno a una circolazione normale. Alzati lentamente e con attenzione.

Riepilogo della meditazione Zen

1. Imposta un timer di cinque minuti
2. Mangia con moderazione ed evita l'alcol prima della meditazione Lavati viso e piedi per stimolare la veglia
3. Indossa abiti larghi e comodi e calze per mantenere i piedi caldi
4. Medita in una stanza tranquilla, pulita, moderatamente calda dove non rischi di essere continuamente disturbato
5. Siediti su un cuscino e incrocia le gambe
6. Raddrizza la colonna vertebrale e piega il mento, quindi rilassa le spalle, la schiena e l'addome, mantenendo una postura eretta
7. Mani palmo in su, polsi appoggiati sulla parte interna delle cosce, con le punte dei pollici che si toccano leggermente
8. Chiudi la bocca, tenendo la punta della lingua contro il palato dietro i denti
9. Occhi leggermente aperti e rivolti verso il basso con un angolo di 45 gradi
10. Inizialmente, fai inspirazioni profonde, lunghe e regolari, con espirazioni mirate a espellere tutta l'aria dal fondo dei polmoni. Infine, chiudi la bocca e respira naturalmente attraverso il naso
11. Concentrati sul mantenimento di una postura corretta
12. Consenti ai pensieri e ai sentimenti di andare e venire da soli
13. Prima di alzarti, termina la meditazione oscillando il tuo corpo a sinistra e a destra, avanti e indietro, mentre fai respiri profondi.

MEDITAZIONE MINDFULNESS

La meditazione Mindfulness è un approccio Vipassana o della consapevolezza, ed è stata la prima meditazione che ho sperimentato, anche se all'epoca non sapevo che fosse chiamata "meditazione mindfulness". Come ho raccontato nell'introduzione, la mia ragazza me la insegnò quando avevo 16 anni.

La prima volta che praticai la meditazione di consapevolezza fu dopo aver avuto una terribile discussione con mia madre. Uscii di casa infuriato e camminai su per la collina dietro la nostra proprietà, senza nessun altro piano in mente se non quello di scappare per un po'.

Una volta arrivato in cima alla collina, qualcosa mi spinse a sedermi in un certo punto, sotto un grande albero di eucalipto, dove fui ispirato a provare la tecnica di meditazione che la mia ragazza mi aveva insegnato solo pochi giorni prima. Non mi disse mai come aveva imparato questo metodo, ma la tecnica era relativamente semplice; quindi la provai.

Sebbene fosse occorso un po' di tempo di intensa concentrazione, prima che i miei sentimenti interiori iniziassero a cambiare, alla fine la rabbia scomparve. La rabbia venne sostituita da un potente senso di chiarezza e connessione con l'ambiente intorno a me. Mi sentii totalmente libero.

Dopo questa esperienza iniziale, mi innamorai della meditazione e da allora in poi l'ho praticata regolarmente, ma non sono mai riuscito a tornare allo stato magico di perfetta tranquillità e connessione che avevo raggiunto la prima volta che avevo utilizzato il metodo.

La mancata replica di quell'esperienza ideale mi stimolò a cercare un modo per meditare che richiedesse meno sforzi e si integrasse più facilmente con la mia vita quotidiana. Quella ricerca alla fine mi portò in Giappone e alla elaborazione del Metodo di Inclusione Totale (*Total Embodiment Method* o TEM).

Sebbene si dica che la meditazione di consapevolezza o mindfulness abbia le sue radici nella Vipassana, una pratica meditativa buddista indiana, in realtà è una meditazione laica resa popolare da Jon Kabat-Zinn e usata come mezzo per ridurre lo stress e aumentare il benessere.

In termini di popolarità, la meditazione mindfulness è paragonabile solo alla MT e alla meditazione Zazen. In termini di scopo, la mindfulness è probabilmente la parente più prossima del Metodo di Inclusione Totale, avendo l'obiettivo comune di migliorare il benessere promuovendo la consapevolezza presente.

La meditazione mindfulness è priva di cultura, tradizione e insegnamenti religiosi buddisti. Fondamentalmente, consiste nel prestare attenzione al momento presente e a ciò che sta effettivamente accadendo dentro di noi e all'esterno, senza fare alcun tentativo di sfuggire alla realtà, mentre si manifesta. A mio avviso, l'obiettivo di essere pienamente presenti è estremamente vantaggioso.

La mindfulness ha un approccio consigliato per la pratica di meditazione di base, che in genere viene eseguita da seduti. Ecco i passaggi fondamentali della pratica della meditazione da seduti:

Tempo

Usa un timer e impostalo su almeno 15 minuti durante le prime sessioni di pratica. Quando mi trovavo sulla collina, probabilmente praticai per diverse ore, ma la mia situazione emotiva era piuttosto estrema. Quindici minuti dovrebbero essere sufficienti perché la maggior parte delle persone possa avere un'idea di questo metodo di meditazione, ma fidati del tuo intuito, se questo ti chiedesse più tempo.

Luogo

Se ti senti a tuo agio nella natura, alcune volte è consigliabile provare la meditazione mindfulness all'aperto, tempo permettendo. Non è necessario allontanarsi e andare in una foresta. Potrebbero andare bene un parco vicino, il tuo cortile o un posto all'aperto dove puoi trovare la solitudine. Se possibile, usa il tuo intuito per trovare la posizione. In assenza di un'opzione all'aperto, la cosa migliore sarà una stanza rilassante della tua casa.

Il corpo è fortemente influenzato dal suo ambiente; quindi è sconsigliabile meditare per sgombrare la mente mentre si è in una stanza ingombra di cose. Se fosse necessario meditare in casa e non vi fossero stanze sgombre, sarà bene pulire e sistemare armoniosamente la stanza che si intende utilizzare, prima di meditare

Posizione

Siedi comodamente ovunque desideri esercitarti, con la colonna vertebrale leggermente eretta ma non eccessivamente rigida. Se desideri sederti su una sedia, prova a usarne una che consenta angoli di 90 gradi all'altezza di caviglie, ginocchia e fianchi, in modo che le articolazioni non si estendano eccessivamente durante la meditazione: col tempo, questo può causare dolore e disallineamento. Se le sedie disponibili sono troppo corte, puoi aggiungere un cuscino per sollevarti e ottenere gli angoli desiderati. Si consiglia di tenere i piedi ben piantati sul pavimento.

Se preferisci sederti a gambe incrociate sul pavimento, è consigliabile sostenere i glutei posizionandovi un cuscino al di sotto. Se posizioniamo i glutei direttamente sul pavimento, sarà probabile un affaticamento dell'anca, dell'addome e della parte bassa della schiena, che causerà distrazione durante la meditazione e probabile disagio in seguito.

Per gli individui che si sentono a proprio agio seduti sulle ginocchia al modo giapponese (*seiza*), possiamo togliere pressione dalle ginocchia e dalle caviglie, prevenendo la perdita di circolazione alla parte inferiore delle gambe, posizionando un cuscino sotto i glutei, tra le gambe. In questo modo la posizione dovrebbe essere abbastanza comoda per la maggior parte delle persone e consentire alla colonna vertebrale di stare eretta e a proprio agio.

La posizione del loto o del mezzo loto va bene per le persone che possono assumerla senza difficoltà. Se la posizione richiedesse sforzo o si avvertisse qualche disagio, non sarebbe consigliabile. Gli individui che non sono a conoscenza della posizione del loto probabilmente non sono allenati a usarla e, pertanto, si consiglia loro di evitarla.

Una volta che sei in posizione seduta, raddrizza leggermente la colonna vertebrale senza irrigidirla, il che significa consentire la curvatura naturale della colonna vertebrale. Lascia che la testa poggi comodamente sulle vertebre del collo, senza allungare il collo verso l'alto, come consiglia Zazen. Inoltre, tieni le braccia parallele ai lati del corpo, con le mani appoggiate comodamente sulle cosce, senza incrociare le braccia. La chiave è trovare una posizione comoda per le mani, in modo da poterti sedere per un lungo periodo di tempo senza dover cambiare posizione. Se le mani sono troppo in avanti tireranno il tuo corpo, facendolo incurvare. Se le mani sono troppo indietro, le spalle saranno bloccate, il che causerà rigidità. L'equilibrio è la chiave.

Occhi

Proprio come in Zazen, piega leggermente il mento e lascia che lo sguardo cada dolcemente verso il basso con un angolo di circa 45 gradi. Sempre come in Zazen, chiudi gli occhi quasi del tutto, lasciando un'apertura appena sufficiente per poter ancora vedere. Se il tuo intuito ti indica che dovresti chiudere gli occhi, va bene. L'importante è impedire agli occhi di concentrarsi su qualcosa in particolare.

Punto di focalizzazione

Una volta che sei comodamente seduto e rilassato, nota il flusso del tuo respiro rilassato. A ogni inspirazione, dichiara mentalmente: "inspirazione" e, con ogni espirazione, annota mentalmente: "espirazione".

Durante la pratica della consapevolezza, è sicuro che la mente si allontanerà dal respiro e proietterà varie scene del futuro o del passato, narrazioni su di te o su ciò che desideri o che non ti piace. L'obiettivo non è combattere o evitare di pensare. A un certo punto, la tua attenzione uscirà dal ciclo del pensiero e noterà che stavi pensando. Quando si verificherà quel momento di "risveglio", riporta gentilmente l'attenzione al respiro, senza alcuna preoccupazione per i pensieri o le sensazioni che, per un po', hanno rubato la tua attenzione.

Aggiustamenti

Se senti l'impulso di sistemare la posizione, allungarti o grattarti da qualche parte, va bene, ma, prima di consentire il movimento, prenditi un momento per essere consapevole dell'impulso. Il momento di consapevolezza aiuterà a impedire che il movimento inconscio prenda il sopravvento. In alternativa al muoverti, potresti decidere di non seguire l'impulso; ma, anche in tal caso, prendi nota della tua pausa e della tua scelta.

Se la mente parla senza sosta o vaga costantemente, non preoccuparti, perché è del tutto normale. Nota solo che la mente sta parlando senza sosta e vagando, se possibile senza arrabbiarti.

Conclusione della meditazione

Proprio come con qualsiasi meditazione da seduti, durante la pratica la pressione sanguigna potrebbe scendere; quindi, mentre sei seduto, assicurati di muoverti per alcuni minuti per farla aumentare, prima di alzarti.

Una volta che sei sveglio e pronto per il resto della giornata, fai una pausa abbastanza lunga per notare come si sente il tuo corpo, il tuo ambiente e come vorresti trascorrere la giornata, poiché il fare attenzione è l'essenza stessa della consapevolezza.

Riepilogo della meditazione mindfulness

1. Siediti comodamente, con la colonna vertebrale leggermente eretta e la testa comodamente appoggiata sulle vertebre
2. Gli occhi sono parzialmente chiusi e puntati verso il basso con un angolo di 45 gradi
3. Respira attraverso il naso con respiri pieni ma rilassati; se la respirazione nasale è scomoda, va bene anche la respirazione dalla bocca
4. Fa' attenzione al respiro e mentalmente annota "inspirare" durante l'inspirazione ed "espirare" durante l'espirazione

5. Quando la mente vaga, riporta semplicemente l'attenzione sul respiro, una volta che hai notato la distrazione

RESPIRAZIONE VAGALE

Fa' un respiro completo e trattienilo, mentre usi il respiro per espandere molto bene i polmoni. Riposizionando l'addome, la colonna vertebrale, le spalle e il collo, scoprirai che puoi spostare la pressione dell'aria nei polmoni.

Gioca con la pressione nei polmoni, espandendoli per scoprire quale pressione direzionale è meglio per te, al momento. Se ti fa sentire bene espanderli in questo modo per alcuni secondi e poi spostarti in un'altra direzione, e poi in un'altra, va bene. Espira.

Non pensare troppo a questo processo perché, come con qualsiasi meditazione, la sensazione è la chiave per un'esperienza potente. Ecco un collegamento a un video che ho realizzato per mostrare la respirazione vagale:

www.richardlhaight.com/vagal (disponibile in inglese)

Espandi i polmoni con la pressione del respiro finché ti senti bene; quindi espira in modo molto soddisfacente. Fai una pausa e rilassati finché vuoi, prima di fare diversi respiri rilassati di recupero come ti piace di più. Non appena ti senti pronto, fai un altro respiro di espansione. Ripeti questo processo di respirazione per cinque minuti.

La chiave con la respirazione vagale non è essere super ostinato, ma prestare attenzione a ciò che ti fa stare bene in ogni fase del processo. Se la respirazione vagale viene eseguita correttamente, il che significa prestare attenzione a ciò che fa stare veramente bene, il cervello passerà dalle onda beta alle onda alfa durante il primo respiro. Con quindici minuti di pratica, la respirazione vagale dovrebbe scaricare notevolmente la tensione dal tuo corpo e creare una calda sensazione di calma e chiarezza.

FOCALIZZAZIONE SU PUNTO FISSO

Avvia un cronometro e concentrati completamente sulla fiamma di una candela o su un singolo punto scelto sul muro, fino a escludere tutto il resto. Prendi nota di quanto tempo ci vuole prima di non poter più escludere il campo visivo totale. Lo scopo di questo esercizio è diventare consapevole del fatto che non puoi smettere consapevolmente di vedere l'intero campo visivo, fintanto che i tuoi occhi sono aperti.

ESERCIZIO PER LA VISIONE PERIFERICA

Siediti comodamente per 15 minuti e presta coscientemente attenzione all'intero campo visivo, senza alcun tentativo di focalizzarti o escludere informazioni.

UDITO COSCIENTE

Imposta un timer di 5 minuti, chiudi gli occhi e rilassa il più possibile il corpo, ascoltando attentamente i suoni provenienti da tutte le direzioni, vicine e lontane. Non tentare di identificare alcun suono. Fatti invece assorbire dalla sensazione del suono. Se ti rilassi con questo esercizio, scoprirai che, in meno di un minuto, sarai in uno stato di meditazione fortemente consapevole.

Se scopri di essere attratto o infastidito da un suono specifico, verrà attivata la tua elaborazione seriale, l'emisfero rumoroso, e non sarai più in uno stato meditativo. Quindi, per rimanere in uno stato meditativo, accetta semplicemente tutti i suoni, senza pregiudizi e senza alcun tentativo di identificarli.

Una volta che il timer si spegne, riavvialo e rifai la meditazione, questa volta con gli occhi aperti. All'inizio, la tua attenzione potrebbe essere catturata dalle cose nel tuo campo visivo; in tal caso, continua a riportare la tua attenzione al campo uditivo totale.

OLFATTO COSCIENTE

Siediti comodamente per 15 minuti con gli occhi chiusi e fai respiri fluidi, con l'intenzione di sentire la qualità dell'aria mentre attraversa le narici, i polmoni e poi fuoriesce. Nota le qualità generali dell'aria, come la pressione, l'umidità e la freschezza, nonché l'olfatto generale.

Non lasciarti prendere dalla tentazione di identificare un odore particolare; accetta semplicemente tutti gli odori, mentre senti l'aria che attraversa le cavità nasali.

Apri gli occhi per continuare la meditazione, una volta che ti accorgi di essere passato in onde alfa, ovvero quando senti che la mente e il corpo sono calmi e rilassati.

Nota finale: la seconda volta che pratichi l'olfatto cosciente, di solito puoi farlo facilmente con gli occhi aperti sin dall'inizio.

GUSTO COSCIENTE

Diventa vivamente consapevole della sensazione in bocca, così come del senso generale del gusto.

Potresti rilevare tracce di sapori che hai provato all'inizio della giornata, ma non cercare di identificare gusti specifici. Basta essere consapevole del senso del gusto e della sensazione in bocca, come se sentissi per la prima volta di avere una bocca.

Fa' attenzione a notare quando si verifica il passaggio ad alfa.

TATTO COSCIENTE

Siediti comodamente per 15 minuti, lasciando uno o due minuti tra ogni passaggio.

Per prima cosa, presta viva attenzione ai tuoi piedi e rilassali consapevolmente.

Poi senti in modo intenso le aree tra le caviglie e le ginocchia e rilassale consapevolmente.

Ora senti lo spazio dalle ginocchia ai fianchi e rilassa consapevolmente quell'area.

Quando sei pronto, senti in modo intenso l'area dai fianchi alla gabbia toracica inferiore e rilassala.

Quindi, presta la tua attenzione all'area tra le costole inferiori e le clavicole e rilassala.

Quando ti senti pronto per il passaggio successivo, presta viva attenzione all'area tra le clavicole e la parte superiore della testa. Rilassala profondamente.

Ora senti lo spazio tra le clavicole e i gomiti. Rilassa consapevolmente quello spazio.

Quindi, percepisci l'area tra i gomiti e i polsi. Rilassala.

Ora senti le mani e le dita. Rilassa questa zona in modo particolare.

Infine, presta attenzione allo spazio totale di tutto il tuo corpo, - alla dimensione interna, come anche alla superficie - e rilassa l'intero corpo, in modo che ci sia solo una tensione appena sufficiente per rimanere con la schiena eretta.

ESERCIZIO DI CONSAPEVOLEZZA SFERICA

Immagina una sensazione leggera e piacevole nel tuo petto. Una volta che hai capito la sensazione, diffondila in tutto il corpo. Se trovi che ci sono aree del corpo che sembrano resistenti a questa sensazione di leggerezza, stai scoprendo ciò che ho descritto prima, in questo capitolo, come aree pesanti del corpo. Non cercare di forzare l'alleggerimento di quelle aree, in questo momento. Prendine nota senza concentrartici.

Immagina, quindi, quella sensazione leggera e piacevole che si diffonde al di là del tuo corpo in modo sferico, per creare un'atmosfera positiva nello spazio intorno a te. Assicurati che la tua sensazione non si fermi alle superfici, ma che si muova proprio attraverso di esse. Muri, pavimenti e soffitti non devono limitare la tua intenzione o consapevolezza; quindi estendi dolcemente le tue sensazioni/le tue intenzioni al di là di queste cose.

RIEPILOGO DELLA MEDITAZIONE DEL GUERRIERO

1. Fai diversi respiri vagali per rilassare il corpo e la mente
2. Presta attenzione al campo visivo totale
3. Nota tutti i suoni, vicini e lontani
4. Nota il senso dell'olfatto e la sensazione nelle vie respiratorie
5. Nota il senso del gusto e la sensazione nella bocca
6. Nota la sensazione di tutto il corpo
7. Espandi la tua sensazione sferica oltre il corpo, nello spazio intorno a te
8. Alzati, mantenendo l'attenzione primaria sulla consapevolezza spaziale. Ricordati di muovere le dita delle mani e dei piedi e di inclinarti a sinistra e a destra per assicurarti che la pressione sanguigna ritorni a livelli di sicurezza, prima di alzarti; stai in piedi nella consapevolezza.

MAPPE DELLA MENTE

1. Immagine di sé: come ci vediamo
2. Condizione sociale: cosa si aspettano gli altri da noi
3. Convinzioni: ciò che crediamo sia vero

QUATTRO STADI DELLA COMPETENZA

1. Incompetenza inconscia - intuizione sbagliata
2. Incompetenza conscia - analisi sbagliata
3. Competenza conscia - analisi giusta
4. Competenza inconscia - intuizione giusta

I TRE PREGIUDIZI PERCETTIVI

1. Bias istintivo di negatività
2. Bias emotivo
3. Bias di valore

MEDITAZIONE ISTANTANEA

Prenditi qualche secondo per esaminare il tuo grado di tumulto interiore e valutarlo su una scala da 1 a 10. Un punteggio di 4 o superiore sulla scala del tumulto indica un alto potenziale di reattività inconscia.

Una volta che hai una valutazione, concediti non più di un secondo o due per passare in un lampo alla consapevolezza sferica. Vivi la tua giornata e guarda per quanto tempo sei in grado di rimanere sfericamente consapevole.

Corso quotidiano di meditazione con Richard L. Haight (al momento disponibile in inglese)

Se desideri maggiori istruzioni pratiche sulla sua meditazione e sui suoi insegnamenti, puoi ottenere un corso di meditazione guidata gratuito di 30 giorni con Richard L Haight (al momento disponibile in inglese).

Visita: www.richardlhaight.com/services

Fonti

Baas LS et al., "An Exploratory Study of Body Awareness in Persons with Heart Failure Treated Medically or with Transplantation", in Journal of Cardiovascular Nursing, Vol. 19, numero 1, gennaio-febbraio 2004.
https://www.ncbi.nlm.nih.gov/pubmed/14994780

Bushdid, C. et al., "Humans Can Discriminate More than 1 Trillion Olfactory Stimuli", Science Vol. 343, 21 marzo 2014.
http://vosshall.rockefeller.edu/assets/file/BushdidScience2014.pdf

Christensen, AJ et al., "Body Consciousness, Illness-Related Impairment, and Patient Adherence in Hemodialysis", in Journal of Consulting and Clinical Psychology ,Vol. 64, numero 1, febbraio 1996.
https://www.ncbi.nlm.nih.gov/pubmed/8907094

de Groot, Jasper H.B. et al., "Chemosignals Communicate Human Emotions", in Psychological Science, Vol. 23, numero 11, 27 settembre 2012.
https://journals.sagepub.com/doi/abs/10.1177/0956797612445317

Eriksson, Elsa M. et al., "Aspects of the non-pharmacological treatment of irritable bowel syndrome", in World J Gastroenterol, 28 ottobre 2015, 2015.
https://www.ncbi.nlm.nih.gov/pmc/articles/PMC4616219/

Hassert, DL, T. Miyashita e C.L. Williams, "The Effects of Peripheral Vagal Nerve Stimulation at a Memory-Modulating Intensity on Norepinephrine Output in the Basolateral Amygdala", in BehavioralNeuroscience, Vol. 118, numero 1, febbraio 2004.
https://www.ncbi.nlm.nih.gov/pubmed/14979784

Kong, Nathan W., William R. Gibb e Matthew C. Tate, "Neuroplasticity: Insights from Patients Harboring Gliomas", in Neural Plasticity, 5 luglio 2016.
https://www.ncbi.nlm.nih.gov/pmc/articles/PMC4949342/

Kox, Matthijs, et al., "Voluntary Activation of the Sympathetic Nervous System and Attenuation of the Innate Immune Response in Humans", Atti della National Academy of Science USA Vol. 111, n. 20, 20 maggio 2014.
https://www.ncbi.nlm.nih.gov/pmc/articles/PMC4034215/

Krugman, Herbert E. e Eugene L. Hartley, "Passive Learning from Television", in Mindful Wellness.
http://www.mindfulwellness.us/uploads/9/1/6/2/91629542/passive_learning_from_television_by_herbert_e._krugman_and_eugene_l._hartley.pdf

Mehling, WE et al., "Randomized, Control Trial of Breath Therapy for Patients with Chronic Low-Back Pain", in Alternative Therapies in Health and Medicine, Vol. 11, numero 4, luglio-agosto 2005.
https://www.ncbi.nlm.nih.gov/pubmed/16053121

Pavlov, Valentin A. e Kevin J. Tracey, "The Vagus Nerve and the Immunity Reflex – Linking Immunity and Metabolism", in National Review of Endocrinology, Vol. 8, n. 12, dicembre 2012.
https://www.ncbi.nlm.nih.gov/pmc/articles/PMC4082307/

Sasmita, Andrew Octavian, Joshua Kuruvilla e Anna Pick Kiong Ling, "Harnessing Neuroplasticity: Modern Approaches and Clinical Future", in International Journal of Neuroscience, Vol. 128, numero 11, 4 maggio 2018.
https://www.tandfonline.com/doi/abs/10.1080/00207454.2018.1466781?journalCode=ines20

Seppala, Emma, "20 Scientific Reasons to Start Meditating today", in Psychology Today, 11 settembre 2013.
https://www.psychologytoday.com/us/blog/feeling-it/201309/20-scientific-reasons-start-meditating-today

A proposito dell'autore

Richard L. Haight è l'autore di *The Unbound Soul* and *Inspirience: Meditation Unbound* ed è un istruttore di livello master di arti marziali, meditazione e guarigione. Richard iniziò l'addestramento formale in arti marziali all'età di quindici anni e si trasferì in Giappone all'età di ventiquattro anni, per far progredire la sua formazione con i maestri della spada, del bastone e dell'aiki-jujutsu.

Durante i suoi quindici anni vissuti in Giappone, Richard ha ricevuto le licenze di maestro in quattro arti samurai e in un'arte curativa tradizionale chiamata *Sotai-ho*. Richard è uno dei massimi esperti al mondo nelle arti marziali tradizionali giapponesi.

Con i suoi libri, i suoi seminari di meditazione e di arti marziali, Richard Haight sta contribuendo a promuovere un movimento mondiale per la trasformazione personale libero da tutti i vincoli e aperto a persone di qualsiasi livello. Richard Haight ora vive e insegna nell'Oregon del sud, negli Stati Uniti.

La meditazione del guerriero

Consegna del diploma di Full Mastery dal maestro Shizen Osaki
Kanagawa, Giappone, luglio 2012.

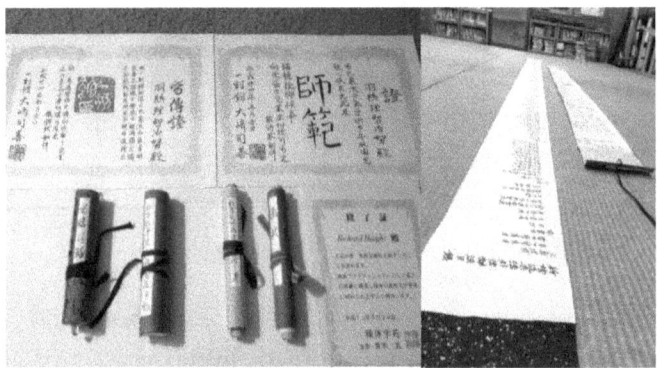

(In alto - da sinistra a destra) diploma di Full Mastery e diploma di istruttore in Daito-ryuAikijujutsu
(Pergamene della maestria - da sinistra a destra) Daito-ryuAikijujutsu, YagyuShinkage-ryuHyoho,
Shinkage-ryuJojutsu, Seigo-ryuBattojutsu, Sotai-ho (diploma di Master)

In prima fila, al centro, Shizen Osaki, Sensei
Kanagawa, Giappone, ottobre 2017

Contatti

Ecco alcuni modi per entrare in contatto con gli insegnamenti di Richard L. Haight:

- Sito web: www.richardlhaight.com
- Prova gratuita di un mese delle lezione di meditazione (al momento disponibile in lingua inglese) www.richardlhaight.com/services
- Notifiche editoriali: www.richardlhaight.com/notifications
- YouTube: Tools of Spiritual Awakening con Richard L Haight
- Facebook: www.facebook.com/richardlhaightauthor
- E-mail: contact@richardlhaight.com

Unshakable Awareness

Unshakable Awareness cerca di rispondere a un bisogno critico per tempi instabili: come rimanere presenti, lucidi e calmi di fronte agli eventi imprevedibili della vita, offrendo la ricetta di una presenza radicata per i momenti in cui la vita ci mette alla prova.

Attraverso *Unshakable Awareness* accederai alla consapevolezza meditativa in condizioni non ottimali, con gli occhi aperti, durante la tua vita quotidiana attiva. Una volta che ci prenderai la mano, la tua capacità di attingere a una profonda chiarezza meditativa e di mantenerla nel mezzo di attività e pressioni di ogni tipo migliorerà notevolmente, così come la qualità della tua vita.

A prima vista, può sembrare che questo sia un libro pensato per meditatori esperti. Non preoccuparti, perché i metodi qui insegnati sono insiti nell'istinto umano, il che significa che i principianti e i meditatori avanzati scopriranno di essere su un piano di parità. Indipendentemente dal background o dal livello di esperienza, se affronterai le sfide con un atteggiamento positivo, rimarrai assolutamente stupito dai rapidi progressi.

Durante la tua formazione, utilizzerai un potente sistema di valutazione dei progressi nato da un'antica saggezza perduta. Riceverai un feedback chiaro e quotidiano sul tuo miglioramento, che ti ispirerà ad affrontare sfide ancora più grandi e ti garantirà ulteriori possibilità di consapevolezza e benefici per la salute. Per aiutarti a rimanere sulla strada giusta, in questo eBook sono compresi una cartella di lavoro scaricabile con istruzioni passo per passo e un programma di formazione.

The Unbound Soul

"Uno dei migliori libri di tutti i tempi sulla coscienza"
—Book Authority

Vincitore dell'oro al Reader's Favorite Awards 2019 e bestseller in molteplici categorie di spiritualità, meditazione e auto-aiuto, *The Unbound Soul* è una nuova e acclamata guida spirituale che racconta la lotta di un uomo per liberare la propria anima, guidando nel mentre il lettore verso la libertà interiore.

The Unbound Soul è un libro di memorie che racconta la vera storia di un ragazzino che, nel mezzo di una visione, sceglie di dedicare la sua vita al risveglio spirituale. Man mano che matura, questa promessa lo porta in tutto il mondo, consentendogli di recuperare antiche conoscenze e di padroneggiare le arti marziali, curative e meditative.

Ma *The Unbound Soul* è molto più di un libro di memorie. È una guida potente che rivela la verità profondamente semplice ma sfuggente che illumina la tua vita e fornisce una serie di potenti strumenti di consapevolezza per assisterti nel tuo percorso personale. *The Unbound Soul* riguarda davvero te e il tuo percorso verso la realizzazione pratica nella vita di tutti i giorni.

Inspirience: Meditation Unbound

"*Per il mio programma radiofonico leggo un libro spirituale alla settimana e vi dirò che Inspirience è fresco, genuino e davvero necessario!*"
—Jean Adrienne, *Power Talk Radio*

ESPERIENZA DELLA VITA
CAMBIAMENTO ISPIRANTE
ISPIRIENZA VIVENTE

Cosa cerchi veramente? La realtà è che la maggior parte di noi in effetti non lo sa. Dopo un'attenta indagine, scopriamo che, più di ogni altra cosa, cerchiamo il trascendente, ciò che risiede nel luogo più profondo dentro di noi, ciò che ci collega a tutto ciò che è e dà un significato incondizionato alla vita.

Il trascendente supera la comprensione della mente e i limiti delle parole, poiché è al di là di ogni forma e definizione. Ma l'ispirienza, sebbene non possa essere spiegata a parole, può essere trovata. Esiste un percorso per arrivarci.

Richard L. Haight, l'autore del bestseller *The Unbound Soul*, maestro di meditazione e di spada, ci fa conoscere un modo semplice e naturale per fornire ispirienza attraverso la meditazione incondizionata. *L'ispirienza* ti porterà in un viaggio verso il trascendente, così da poter trasformare la tua vita *e il mondo*.

The Psychedelic Path

*"Affascinanti intuizioni sugli stati visionari.
Un libro che farà discutere"*
— Grady Harp, *revisore Amazon Hall of Fame*

Stai percorrendo il sentiero spirituale e hai delle curiosità sulle sostanze psichedeliche? Viaggia con un maestro di meditazione ed ex "purista farmacologico" mentre esplora il cuore spirituale dell'esperienza psichedelica per scoprire i potenziali vantaggi e pericoli di queste sostanze.

Richard L. Haight, un maestro di spada esperto di meditazione, autore del bestseller *The Unbound Soul*, fornisce un resoconto straordinariamente potente e imparziale degli allucinogeni in relazione al percorso spirituale.

Per i suoi viaggi, Haight utilizza tre antiche piante sciamaniche trovate nell'America meridionale, centrale e settentrionale e rivela una prospettiva all'avanguardia in grado di catalizzare un'enorme trasformazione personale.

Corso quotidiano di meditazione con Richard L. Haight (al momento disponibile in inglese)

Se desideri maggiori istruzioni pratiche sulla sua meditazione e sui suoi insegnamenti, puoi ottenere un corso di meditazione guidata gratuito di 30 giorni con Richard L Haight (al momento disponibile in inglese).

Visita: www.richardlhaight.com/services

www.ingramcontent.com/pod-product-compliance
Lightning Source LLC
Chambersburg PA
CBHW070148100426
42743CB00013B/2851